Evangelisch
von A bis Z

Freiheit und Verantwortung seit 1517.
Evangelische Kirchen in Österreich

Evangelische Kirche A.B. in Österreich

Evangelische Kirche H.B. in Österreich

Evangelisch-methodistische Kirche in Österreich

www.evangelisch-sein.at

Hermann Miklas

Evangelisch von A bis Z

Evangelisches ABC

Jedes ABC hat etwas Originelles. Das Ungewöhnliche daran besteht ja darin, dass sich seine Ordnung nicht auf inhaltliche Zusammenhänge gründet, sondern der Zufälligkeit von Anfangsbuchstaben unterliegt. Auf diese Weise bekommen manchmal Begriffe einen prominenten Platz, die man normalerweise kaum in Betracht ziehen würde – und andere (ebenfalls wichtige) Begriffe fallen notgedrungen unter den Tisch. Denn bei einigen Anfangsbuchstaben ist es einfach notwendig, sich unter den vielen in Frage kommenden Wörtern auf ein oder zwei Begriffe zu beschränken. Bei anderen Anfangsbuchstaben hingegen ist es gar nicht so leicht, überhaupt etwas Passendes zu finden. Bei den Buchstaben X und Y half im vorliegenden Fall sogar nur ein kleiner Ausflug in die englische Sprache. Gerade dieser Mix aus Zufälligkeiten und gut begründeten Überlegungen fördert manche Überraschung zu Tage und entwickelt so seinen eigenen Reiz.

Im folgenden ABC gibt es zu jedem Buchstaben jeweils zwei Begriffe. Der erste (auf der linken Seite) ist eher theologischer, der zweite (auf der rechten Seite) eher praktischer Natur – doch auch diese Einteilung ist vor allem eine Absichtserklärung. Nicht immer ist sie ganz streng durchgehalten.

Ein weiteres – wieder ganz anderes – evangelisches ABC finden Sie übrigens auf der Website der Evangelischen Kirche in Deutschland: www.ekd.de/glauben/abc.

Ich wünsche viel Vergnügen beim Lesen!

Hermann Miklas

A

Abendmahl

In Erinnerung an das letzte Abendmahl Jesu im Jüngerkreis kurz vor seiner Hinrichtung feiern Christen seit jeher das Mahl des Herrn als Sakrament – gemäß dem Auftrag Jesu: Tut dies zu meinem Gedächtnis. In der Evangelischen Kirche ist das Abendmahl neben der Taufe überhaupt das einzige Sakrament, da nur diese beiden unmittelbar auf Jesus selbst zurückzuführen sind. Gemäß der Einsetzung Jesu wird das Abendmahl immer in beiderlei Gestalt gefeiert, also mit Brot und Wein für alle. Nach evangelischer Auffassung bleiben aber die Elemente, was sie sind, und wandeln nicht ihre Substanz. Vielmehr ist Christus „in, mitten und unter" den Elementen Brot und Wein auf spirituelle Weise gegenwärtig. Diese nonverbale Kommunikation Gottes mit uns ist etwas ganz Besonderes!

Brot und Wein

Sakrament

Aus Hochachtung vor der Bedeutung des Sakraments war man nach der Reformation lange Zeit bemüht, das Abendmahl nicht inflationär, sondern nur an ausgewählten Sonn- und Feiertagen anzubieten. Auch reine Wort-Gottesdienste galten und gelten in der Evangelischen Kirche als vollgültige Gottesdienste. Mittlerweile wird allerdings auch in vielen evangelischen Pfarrgemeinden das Abendmahl wieder an jedem Sonntag gefeiert. Es ist ja die höchstpersönliche Zuwendung Gottes zu uns Menschen, nonverbal erfahrbar, ganz unmittelbar und tief berührend.

Advent

Von einer ganz besonderen Stimmung geprägt ist die vierwöchige Vorbereitungszeit auf Weihnachten, der Advent (von „adventus Domini", die Ankunft des Herrn). Ursprünglich eine karge Zeit, zum Teil auch als Bußzeit begangen, ist sie dennoch von großer Vorfreude geprägt. Was nur wenig bekannt ist: Der „Erfinder" des Adventkranzes war der evangelische Theologe Johann Hinrich Wichern. Er leitete ein Heim für arme Kinder, das sogenannte „Raue Haus" in Hamburg. Um den Kindern, die immer wieder fragten, wann denn endlich Weihnachten sei, das Warten anschaulich zu machen, hängte er 1839 im Speisesaal ein Wagenrad mit 24 Kerzen auf: 20 rote und 4 weiße für die Sonntage. Daraus wurde der Adventkranz, später mit Tannenreisig gebunden und auf die heute noch üblichen vier Sonntagskerzen reduziert. Erst ganz allmählich fand der Adventkranz auch Eingang in die katholische Tradition.

Johann Hinrich Wichern

24 Kerzen

Sehr verbreitet ist es in evangelischen Familien, vorwiegend an den Nachmittagen der Adventsonntage – um den Adventkranz versammelt – Adventlieder zu singen. In manchen Pfarrgemeinden gibt es in der Adventzeit auch öffentliche Sing-Nachmittage, in Deutschland sind diese meist als „Quempas-Singen" bekannt. Viele der bekanntesten Adventlieder stammen ebenfalls aus evangelischer Tradition: *Macht hoch die Tür – Ihr lieben Christen, freut euch nun – Wie soll ich dich empfangen – Tochter Zion, freue dich – Die Nacht ist vorgedrungen ...*

Adventsingen

→ Vgl. dazu auch das Stichwort „X-Mas"

Biblia
Das ist: Die gantze heilige Schrifft: Deudsch.
Doct. Mart. Luth.
Gedruckt zu Wittem
1556.

B

Bibel

Die Bibel ist die Grundlage aller christlichen Lehre. Und zwar nur die Bibel allein („sola scriptura"), nicht die Tradition und auch nicht irgendwelche im Lauf der Jahrhunderte später aufgestellten Dogmen. „Zurück zu den Ursprüngen" lautete eines der Prinzipien der Reformation. Jeder Christ soll somit kirchliche Stellungnahmen jederzeit anhand der Bibel selbst überprüfen können. Das war auch das Anliegen, weshalb Luther die Bibel in verständliches Deutsch übersetzt hat:

Für alle

Sie muss lesbar für alle sein. Allerdings ist die Bibel weder ein Gesetzbuch noch ein Nachschlagelexikon, sondern eine lebendige Sammlung von verschiedensten Erzählungen, Briefen, Gebeten, Gedichten und Texten ...

Das Alte Testament besteht aus 39, das Neue Testament aus 27 ursprünglich selbständigen Büchern, die in der Zeit zwischen etwa 800 vor Christus bis 200 nach Christus entstanden sind. Ihre Aussagen sind sowohl interpretationsbedürftig wie auch interpretationsoffen und wollen immer wieder in die jeweils aktuelle Situation hinein neu „übersetzt" werden. Diese Aufgabe kommt nicht nur der Kirche als Ganzer, sondern insbesondere auch jedem einzelnen Christen und jeder einzelnen Christin zu. Luther traute es jedem Menschen zu, aus der Lektüre der Bibel selbst die notwendigen Schlussfolgerungen zu ziehen. Zur evangelischen Frömmigkeit gehört es daher, regelmäßig in der Bibel zu lesen, um ein Gefühl für ihre Welt und für ihre Werte zu bekommen und mit ihren Aussagen situationsbezogen souverän umgehen zu können. Sie leitet dazu an, als ChristIn in der Welt selbständig Verantwortung übernehmen zu können. Darüber hinaus stellt die Bibel auch ein hohes Kulturgut dar, das selbst von atheistischen Denkern

Kulturgut

wie etwa Bert Brecht oder Ernst Bloch sehr geschätzt wurde.

→ Besuchen Sie dazu auch die Website der Österreichischen Bibelgesellschaft: www.bibelgesellschaft.at

Beten

Zu beten gehört zu den elementaren Lebensäußerungen des Glaubens: mit Gott im Gespräch zu sein. Beten kann man überall und zu jeder Zeit. Insbesondere das kurze „Stoßgebet" zwischendurch braucht keine bestimmten Räume oder Haltungen und auch keine fest geprägte liturgische Sprache. Viele Menschen empfinden es allerdings als hilfreich, sich für ihr Gebet einen passenden spirituellen Rahmen zu suchen: eine Kerze zu entzünden, eine fixe Tageszeit einzuplanen, einen Spaziergang zu machen oder auch eine offene Kirche aufzusuchen ...

Mit Gott sprechen

Beten ist wesentlich mehr, als bloß Bitten an Gott zu formulieren. Ebenso wichtig sind das Danken, das meditative Gebet oder auch die Fürbitte: das Gebet für Andere und für die Welt, in der wir leben. In den Psalmen der Bibel sind berührende Gebete aus dem frühen Israel überliefert, manche christlichen Lieder sind ebenfalls gesungene Gebete. Darüber hinaus gibt es eine Vielzahl von modernen Gebeten in Buchform – in jeder nur denkbaren Variante: lyrisch, prosaisch, aufrüttelnd oder humorvoll ... Solche Vorlagen können äußerst anregend sein, ersetzen aber nicht das persönliche Gespräch mit Gott in eigener Sprache. Gemeinsam mit allen Christen und Christinnen der Welt beten auch Evangelische regelmäßig jenes Gebet, das Jesus uns in exemplarischer Weise hinterlassen hat, das Vaterunser.

Vielfalt

Vater unser im Himmel, geheiligt werde dein Name.
Dein Reich komme.
Dein Wille geschehe, wie im Himmel, so auf Erden.
Unser tägliches Brot gib uns heute. Und vergib uns unsere Schuld, wie auch wir vergeben unsern Schuldigern.
Und führe uns nicht in Versuchung, sondern erlöse uns von dem Bösen.
Denn dein ist das Reich und die Kraft und die Herrlichkeit in Ewigkeit.
Amen.

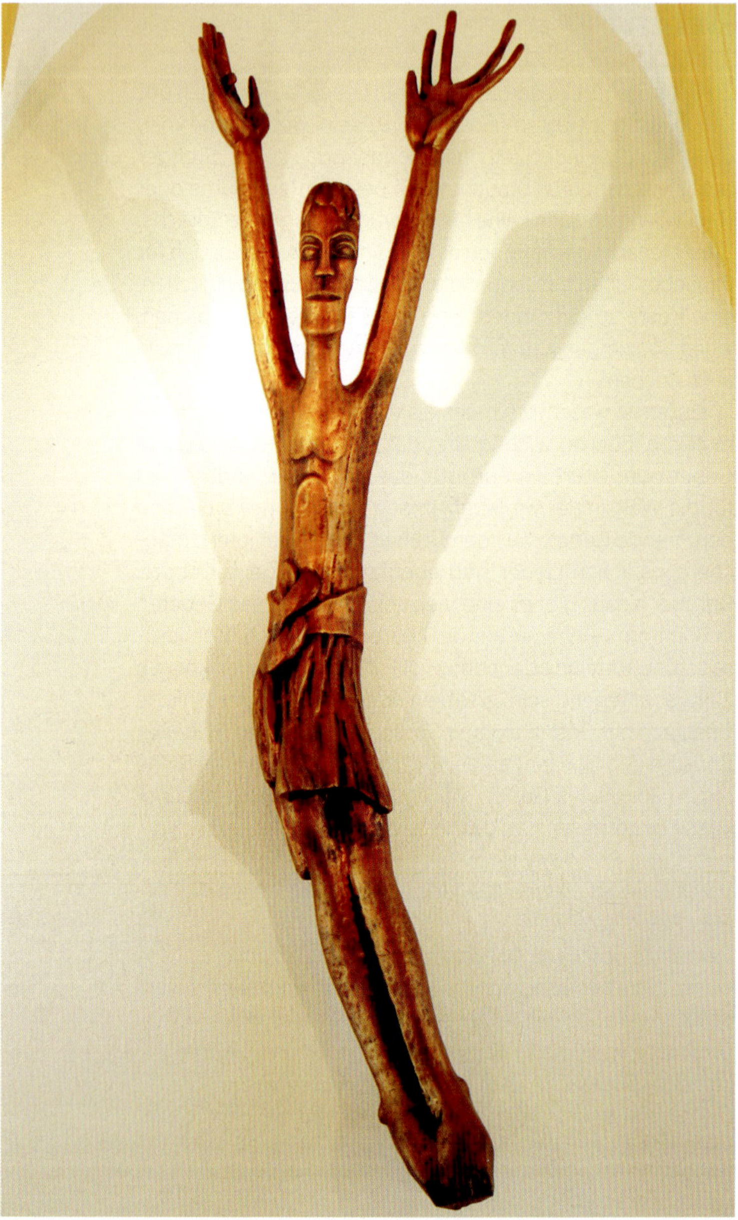

C

Christus

Jesus Christus ist der Mittel- und Angelpunkt des christlichen Glaubens. 1934 wurde in der Theologischen Erklärung von Barmen von Mitgliedern der Bekennenden Kirche im Widerstand gegen das NS-Regime formuliert: „Jesus Christus, wie er uns in der Heiligen Schrift bezeugt wird, ist das eine Wort Gottes, das wir zu hören, dem wir im Leben und im Sterben zu vertrauen und zu gehorchen haben. Wir verwerfen die falsche Lehre, als könne und müsse die Kirche als Quelle ihrer Verkündigung außer und neben diesem einen Worte Gottes auch noch andere Ereignisse, Mächte, Gestalten und Wahrheiten als Gottes Offenbarung anerkennen." Das war damals gegen den Allmachtsanspruch eines totalitären Regimes formuliert, hat aber zeitlose Bedeutung; denn die Bindung an Jesus Christus relativiert irdische Abhängigkeiten aller Art und macht frei – gegebenenfalls sogar frei zum Widerstand. Das gilt sogar für die Abhängigkeit von religiösen Systemen. Denn Jesus Christus ist „Herr" über alle irdischen Dinge, Systeme, Machthaber, Unterdrücker oder Peiniger.

Relativiert Abhängigkeiten

Wenn die Reformation stets betont hat „Christus allein", dann hat sie damit ausdrücklich gemeint, dass nicht die Kirche oder kirchliche Regeln im Zentrum des Glaubens stehen, sondern eben allein Christus. Als „Sohn Gottes" war er derjenige, der uns als Einziger authentisch das Wesen Gottes vermitteln konnte. Und er hat dabei das starke Bild eines ausgesprochen liebevollen Vaters gezeichnet! Das soll durch menschliche Zusätze nicht wieder relativiert werden.

Charismatisch

Das Wort hat viele Bedeutungen. Ursprünglich bedeutete „Charisma“: die Gnadengabe. Heute bezeichnet es die herausragende Begabung eines Menschen. Ein/e PfarrerIn mit Charisma kann etwa eine besondere seelsorgliche Begabung haben oder die Gabe, ausgesprochen mitreißende, begeisternde Predigten zu halten. Ebenso gibt es Menschen mit dem Charisma des Helfens, des Zuhörens oder des Musizierens ... **Begabungen**

Das Adjektiv „charismatisch“ wird gelegentlich auch für eine spezielle Form von Spiritualität verwendet: sehr spontan, geistbewegt und emotional, was sich insbesondere auch in sogenannten „charismatischen Gottesdiensten“ niederschlägt – für einige das Nonplusultra eines lebendigen Gottesdienstes, für Andere eher gewöhnungsbedürftig. **Geistbewegt**

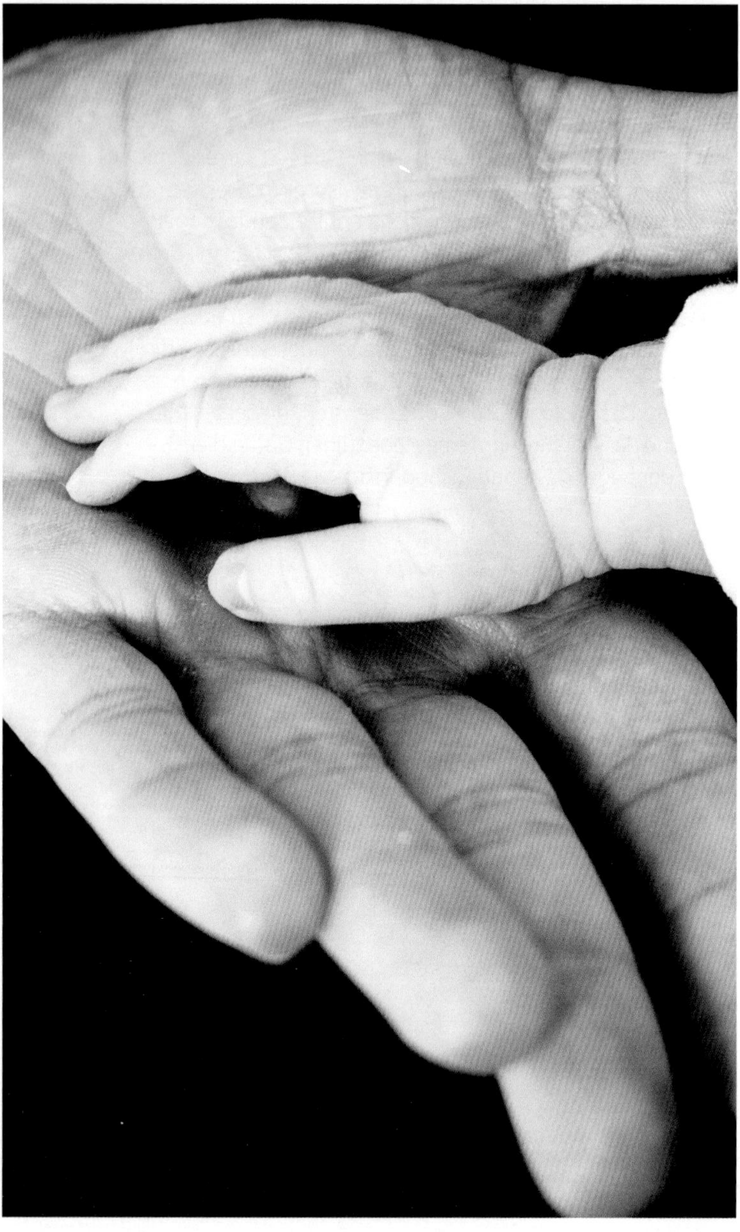

D

Diakonie

ChristInnen teilen Freude und Leid, Hoffnung und Angst und erfahren Zuspruch und Vergebung; sie nehmen Anteil an Armut und Unterdrückung, an Krankheit und Not und kümmern sich umeinander in allen Lebensbezügen. Diakonie ist also keine zusätzliche Aufgabe von Kirche, sondern selbstverständlicher Anteil ihres Lebens und Wirkens; Kirche ist vielmehr wesentlich diakonisch. Es beginnt mit der Wahrnehmung von Not und setzt sich fort mit konkreten Maßnahmen bzw. Angeboten zu ihrer Überwindung. Wobei jedem Menschen durch Gottes Liebe grundsätzlich immer schon die volle Menschenwürde innewohnt, sie wird ihm nicht erst durch soziale und therapeutische Maßnahmen zuerkannt. Es ist aber evangelische Überzeugung, dass jeder Mensch Entwicklungspotenzial in sich trägt und seine Situation verbessert werden kann.

Kirche ist wesentlich diakonisch

Entwicklungspotenzial

Vieles geschieht auf lokaler und regionaler Ebene im Rahmen der sogenannten *Gemeindediakonie*. Hervorzuheben ist jedoch ebenso der großartige Einsatz der zahlreichen diakonischen Einrichtungen und Werke in Österreich. Sie stehen nicht in Konkurrenz zu staatlichen sozialen Einrichtungen, sondern wenden sich – exemplarisch – insbesondere jenen Bereichen von Not zu, die vom Netz öffentlicher Einrichtungen derzeit nicht entsprechend wahrgenommen werden. Sie tun dies jedoch weitgehend in Kooperation mit der öffentlichen Hand.

→ Besuchen Sie dazu auch die Website www.diakonie.at

Danken

Dankbare Menschen sind in der Regel zufriedenere Menschen und erfreuen sich einer hohen Lebensqualität. Wie schon unter dem Stichwort „Beten" angemerkt: beten heißt nicht nur bitten, sondern in hohem Maße auch danken. Die sozialkritische Theologin Dorothee Sölle (1929–2003) gibt aus ihrer eigenen Lebenspraxis einen bemerkenswerten Hinweis: Sie lasse an jedem Abend vor dem Schlafengehen den Tag noch einmal Revue passieren und suche bewusst nach fünf Ereignissen oder Erlebnissen, für die sie an diesem Abend danken könne, selbst wenn der Tag ansonsten noch so frustrierend gewesen sein mag. Diese Praxis bewahre sie vor Resignation und vor einer Fokussierung ihres Blickfeldes allein auf das Negative. Zur Nachahmung ausdrücklich empfohlen!

Lebensqualität

Den Tag Revue passieren lassen

Viele Menschen haben es sich überdies angewöhnt, vor jeder Mahlzeit kurz innezuhalten und sich zu vergegenwärtigen, dass es keineswegs selbstverständlich ist, satt werden zu dürfen. Ein solches *Tischgebet* gehört oft zur liebenswerten Gepflogenheit in Familien oder bei kirchlichen Empfängen.

Auch das jährliche *Erntedankfest* im Oktober will dazu anregen, in einer Art Jahres-Lebensbilanz ebenfalls darüber nachzudenken, wofür man allen Grund hat, Gott „danke" zu sagen.

→ Vgl. dazu auch das Stichwort „Beten"

E

Evangelium

Markus war der erste Biograph Jesu. Er hat sein Buch über das Leben Jesu aber nicht „Biographie“ genannt, sondern „Evangelium“ (Griechisch „eu-angelion“: gute Nachricht oder frohe Botschaft). Denn Markus hat nicht nur Fakten aneinandergereiht, sondern seine Leser damit auch persönlich ansprechen wollen. Er gilt damit als Erfinder der literarischen Gattung des Evangeliums. Und weil er mit seinem Buch möglichst viele Menschen erreichen wollte, hat er es statt in seiner Muttersprache Aramäisch in der damaligen Weltsprache Griechisch verfasst. Andere sind seinem Beispiel gefolgt. Insgesamt gibt es eine ganze Reihe solcher Evangelien, vier der ältesten und authentischsten von ihnen haben Eingang ins Neue Testament gefunden. Sie sind sich in vielem ähnlich (vor allem Matthäus, Markus und Lukas weisen viele Parallelen auf), unterscheiden sich in einigen Punkten aber auch erheblich voneinander. Insbesondere das Johannes-Evangelium ist etwa in Aufbau und Stil ganz anders. Dass man in der Frühen Kirche den Mut hatte, vier unterschiedliche Evangelien im Neuen Testament zum Vergleich nebeneinanderzustellen – statt eine harmonisierte Einheitsversion zu servieren – ist jedenfalls bemerkenswert.

Persönlich ansprechend

In der liturgischen Sprache heute bezeichnet man die Lesung aus einem der vier Evangelien im Gottesdienst oft auch als „das Evangelium“ des Sonntags. Und wenn im Alltag gelegentlich verkürzt vom „Evangelium“ die Rede ist, ist damit meist nicht ein bestimmtes der vier Evangelien gemeint, sondern ganz allgemein die Quintessenz aus der Lehre Jesu.

Quintessenz

Evangelisch sein

Ursprünglich waren weder das Etikett „katholisch" (all-umfassend, das Ganze betreffend) noch das Etikett „evangelisch" (auf das Evangelium bezogen) Selbstbezeichnungen der jeweiligen Kirche, sondern sie entstammen dem Volksmund. Im Lauf der Zeit aber haben sie sich durchgesetzt. In Wirklichkeit ist die Evangelische Kirche genauso *katholisch* (auf das Ganze bezogen), wie die Katholische Kirche *evangelisch* ist (auf das *Evangelium* bezogen).

Leben aus persönlicher Gottesbeziehung

Was aber bedeutet es heute, den christlichen Glauben – im konfessionellen Sinn verstanden – *auf evangelische Weise* zu leben? Nun, es heißt primär, das ganze Leben aus der persönlichen Gottesbeziehung heraus zu gestalten. Dazu gehört einerseits die persönliche Spiritualität: das Gebet, das Lesen der Bibel, die Meditation, die Gemeinschaft mit anderen ChristInnen im Gottesdienst ... Und dazu gehört andererseits das selbstverantwortliche Handeln in Beruf, Familie und Gesellschaft; die tätige Nächstenliebe, das Engagement und die Zivilcourage ... Zwar haben sich darüber hinaus – regional durchaus unterschiedlich – da und dort noch einige andere „typisch evangelische" Gewohnheiten und Verhaltensweisen herausgebildet, doch bei ihnen handelt es sich eben nur um mehr oder weniger liebenswerte Sitten und Gebräuche sekundärer Natur, die keine Allgemeingültigkeit für sich beanspruchen.

→ www.evangelisch-sein.at

F

Freiheit und Verantwortung

Kirche der Freiheit

Die Evangelische Kirche versteht sich als „Kirche der Freiheit". Freiheit ist ein zentraler Grundwert des evangelischen Glaubensverständnisses, das dem Gewissen des Einzelnen vor Gott eine große Bedeutung beimisst und dem Menschen ein hohes Maß an eigenem Urteilsvermögen zutraut. Freiheit darf aber keineswegs mit Beliebigkeit verwechselt werden, sie ist vielmehr untrennbar mit persönlicher Verantwortung verbunden. Keine Freiheit ohne Verantwortung, aber auch keine Verantwortung ohne Freiheit. In seiner berühmten Schrift „Von der Freiheit eines Christenmenschen" drückt Luther es ganz bewusst in Form einer Paradoxie aus, wenn er schreibt: „Ein Christenmensch ist ein freier Herr über alle Dinge und niemandem untertan. – Und ein Christenmensch ist zugleich ein dienstbarer Knecht aller Dinge und jedermann untertan." Tatsächlich: Im Glauben ist man als ChristIn ein „freier Herr" (bei Luther leider noch nicht gegendert) und niemandem untertan; frei von Verstrickungen, Bindungen, Abhängigkeiten oder Zwängen. Dieses Befreit-Sein ist ein Geschenk Gottes und ein hohes Gut, das man nicht durch falsche Rücksichtnahme auf irgendwelche Konventionen leichtfertig wieder verspielen sollte: „Zur Freiheit hat uns Christus befreit, so steht nun fest und lasst euch nicht wieder in das Joch der Knechtschaft zwingen" schreibt der Apostel Paulus in seinem Brief an die Galater.

Gewissen

Im Zusammenleben mit unseren Mitmenschen allerdings sind unserer Freiheit dort Grenzen gesetzt, wo sie die Freiheit Anderer einschränken würde. Hemmungsloses Ausleben der eigenen Freiheit auf Kosten Anderer kann sich nicht auf das Evangelium berufen. Und in Bezug auf die Nächstenliebe sollten ChristInnen sich nicht scheuen, sich zu „dienstbaren Knechten" (bzw. Mägden) zu machen, die Anderen gerne in Liebe dienen. Aber grundsätzlich gilt: Nicht das zu Erlaubende ist begründungsbedürftig, sondern das zu Verbietende.

Nicht auf Kosten Anderer

Familie

Am Familienbild scheiden sich bis heute oft die weltanschaulichen Geister zwischen konservativen und progressiven Zugängen. Der Ansatz der Reformation war hier von Beginn an ein eher unkonventioneller. So hat schon Luther die Möglichkeit einkalkuliert, dass Ehen unter bestimmten Umständen scheitern können. Das ist in der Regel zwar mit Schuld verbunden, doch wie jede andere Schuld kann auch diese vergeben werden. Und darum muss nach einer Scheidung unter bestimmten Umständen eine Wieder-Verheiratung kirchlich möglich sein. Die theologische Grundlage für diese Haltung ist in der Tatsache begründet, dass Luther die Ehe nicht als Sakrament, sondern im Prinzip als ein „weltlich Ding" qualifiziert hat, auch wenn sie unter dem besonderen Segen Gottes steht. Sexualität sah Luther als ein menschliches Grundbedürfnis, das nicht nur der Fortpflanzung, sondern auch der nonverbalen Kommunikation unter Liebenden dient. Aus diesem Grund – und weil er biblisch nicht begründet ist – hat Luther den Zölibat heftig abgelehnt.

Sexualität ist Grundbedürfnis

Heute stehen wir darüber hinaus vor einem weit gefächerten Wandel des Familienbildes. Dazu ist allerdings anzumerken, dass das Familienbild im Lauf der Menschheitsgeschichte einem *ständigen* Wandel unterlegen ist. Die bürgerliche Kleinfamilie (Mutter, Vater, Kind) gibt es so überhaupt erst seit dem 19. Jahrhundert. Sie ist weder biblisch noch verkörpert sie *das* Idealbild schlechthin. Wenngleich die Ehe zwischen Mann und Frau weiterhin das Leitbild bleibt, ist die Evangelische Kirche grundsätzlich auch für andere familiäre Formen des Zusammenlebens offen, sofern sie auf gegenseitige Treue und Dauer ausgelegt sind. Segnungen von homosexuellen Paaren sind in der Evangelischen Kirche A. B. in Österreich „in seelsorgerlichem Rahmen" möglich, in der Evangelischen Kirche H. B. auch in Form einer öffentlichen Trauung.

Verschiedene familiäre Formen

G

Gottesdienst

Mitte des kirchlichen Lebens

Wie in allen christlichen Kirchen bildet der Gottesdienst auch in der Evangelischen Kirche die Mitte des kirchlichen Lebens. Der Gottesdienst macht den freien Wochentag erst zum „Sonntag" bzw. zum „Tag des Herrn". Dieser ist übrigens nicht der letzte Tag der Woche (wie der jüdische Sabbat), sondern der erste – in bewusster Erinnerung an die Auferstehung Jesu am dritten Tag nach dem Karfreitag. Neben dem traditionellen Sonntags-Gottesdienst, der in der Regel als offene Feier für alle Menschen gestaltet ist, werden in vielen Gemeinden zu den unterschiedlichsten Terminen zusätzlich diverse anlass- und zielgruppenorientierte Gottesdienste angeboten (wie z.B. Jugend-, Segnungs- oder Seniorengottesdienste). Im evangelischen Bereich spricht man lieber von „Gottesdienst" als von „Messe", da der Begriff der Messe nicht nur zwingend eine Eucharistiefeier beinhaltet, sondern diese eigentlich auch noch einer bestimmten (un-evangelischen) Opfertheologie verpflichtet ist (nicht nur Erinnerung und spirituelle Präsenz, sondern liturgische Wiederholung des Opfers). Die Bedeutung des Wortes *Gottesdienst* ist übrigens, dass *Gott* mit seinem Wort und seinem Sakrament *uns* dient und nicht umgekehrt.

Gott dient uns

Sowohl in der Lutherischen wie auch in der Reformierten Kirche (also in der Evangelischen Kirche A. B. und in der Evangelischen Kirche H.B.) gibt es ein liturgisches Grundmuster für den Ablauf eines Gottesdienstes. Es ist im Evangelischen Gesangbuch (EG) abgedruckt. Von dieser Grundordnung kann in schöpferischer Freiheit im Einzelfall immer wieder abgewichen werden. Neben ordinierten PfarrerInnen werden Gottesdienste oft auch von speziell beauftragten LektorInnen geleitet. Beide tragen im Gottesdienst einen schlichten Talar als äußeres Zeichen dafür, dass sie hier nicht im eigenen Namen agieren, sondern im Namen und Auftrag eines Höheren. So wie auch RichterInnen, die „im Namen des Gesetzes bzw. des Volkes" zu urteilen haben, in der Ausübung ihres Dienstes einen Talar tragen.

Glauben

Im weltlichen Sprachgebrauch meint *glauben*, etwas für wahr zu halten, was aber nicht ganz sicher ist. So sagt der Volksmund ja oft: „Glauben heißt, nix wissen". In der griechischen Ursprache des Neuen Testaments aber wird ein und dasselbe Wort sowohl für „glauben" wie auch für „vertrauen" verwendet. An Gott bzw. an Jesus Christus zu glauben, heißt also vor allem, mit Gott bzw. Jesus Christus in einer vertrauensvollen Beziehung zu stehen. In einer Beziehung, die auf verschiedene Weise das ganze Leben durchwirkt: Sich z.B. in heiklen Entscheidungssituationen zu fragen: Wie würde sich Jesus an meiner Stelle jetzt wohl verhalten? Oder in Zeiten von Anfechtung und Not die eigenen Probleme Gott vorzulegen (im 1. Petrusbrief heißt es sogar einmal sehr plastisch: Alle eure Sorgen *werft* auf Gott!). Oder wenn man gerade einmal etwas besonders Schönes erlebt, auch einmal aus ganzem Herzen zu sagen: „Danke, lieber Gott!" ... Glauben zu können ist ein Geschenk, das betont die Reformation immer wieder. Kein Christ, keine Christin sollte sich darauf etwas einbilden oder gar auf Andere, die nicht glauben können, verächtlich herunterschauen. Oftmals liegt das ja einfach daran, dass die Einen das Glück hatten, in ihrem Leben eindrucksvollen, positiven Glaubens-Vorbildern begegnet zu sein, während Andere das Pech hatten, in ihrem bisherigen Leben nur abstoßende, unsympathische Vertreter des christlichen Glaubens kennen gelernt zu haben. Wenn die Reformation weiter den Slogan „sola fide" (allein durch den Glauben) auf ihre Fahnen geschrieben hat, dann will sie damit zum Ausdruck bringen: Vor Gott zählen nicht deine großen moralischen, sportlichen oder beruflichen Leistungen, nicht deine Karriere oder dein Wohlstand, sondern es genügt, voller Vertrauen Gottes Liebe anzunehmen. Zu glauben, dass er dich liebt. So wie du bist.

Glauben und vertrauen

Ein Geschenk

H

Heilig

Was Gott gehört

Der Begriff des *Heiligen* ist so alt wie die Menschheit. Er findet sich in allen nur denkbaren Religionen. Heilig ist, was zum Bereich des Göttlichen gehört. Unter *profan* hingegen versteht man alles, was ganz in den Bereich des Weltlichen gehört. Diesbezüglich bilden Judentum und Christentum keine Ausnahme. In der Praxis allerdings gibt es an dieser Stelle erhebliche Unterschiede *innerhalb* des Christentums. So ist das Heilige in Reinkultur nach evangelischer Auffassung nur beim dreieinigen Gott selbst angesiedelt. Davon abgeleitet kann man vielleicht noch von der Bibel als „heiliger Schrift" sprechen oder von den geheiligten Elementen des Brotes und des Weines bei der Abendmahlsfeier. Aber alles Irdische kann bestenfalls Spuren des Göttlichen in sich tragen, es bleibt seinem Wesen nach immer auch profan. Darum kennt die Evangelische Kirche weder explizit heilige Orte noch explizit heilige Räume. Selbstverständlich genießen Kirchengebäude von ihrer Funktion her eine gewisse Würde, aber sie werden durch profane Handlungen nicht entweiht.

Nie in Reinkultur

Aus derselben Logik heraus gibt es auch keine besonders heiligen Menschen. Vielmehr sind alle Menschen immer Sünder und Geliebte Gottes zugleich. Selbst PfarrerInnen werden nicht „geweiht", sondern bloß ordnungsgemäß berufen („ordiniert"), dabei bleiben sie ihrem Wesen nach aber weiterhin schlicht und einfach Menschen mit all ihren Stärken und Schwächen. Vollends un-evangelisch ist die Vorstellung, es gäbe im Himmel „Heilige", die sich diesen Status durch besondere Leistungen verdient haben und die man als gläubiger Mensch nun anrufen und um ihre Fürsprache bei Gott bitten könnte. Evangelische ChristInnen wenden sich mit ihrem Gebet immer direkt an Gott Vater, an Jesus Christus oder an den Heiligen Geist.

Humor

Humor hat mehr mit dem Glauben zu tun, als man gemeinhin annehmen würde. Über etwas lachen zu können, ist ja sehr befreiend. Es löst Verkrampfungen und nimmt dem allzu Seriösen den Druck. Indem mancher Witz komplizierte oder belastete Themen auf eine leichte, spielerische Ebene bringt, können sich unlösbar scheinende Knoten plötzlich in Banalitäten verwandeln oder sogar ganz auflösen. Nicht zufällig hat etwa der politische Witz ausgerechnet in Diktaturen Hochkonjunktur, denn er ermöglicht das Lachen angesichts einer grotesken Wirklichkeit und ermöglicht so das Überleben. Das alles ist sehr ähnlich dem, was die Bibel unter *Erlösung* versteht. Ähnlich der Auferstehung Jesu entwickelt Humor eine wirklich überwindende Kraft. Schon die Alte Kirche kannte die Sitte des sogenannten „Oster-Lachens", die bis heute in manchen Gemeinden gerne gepflegt wird. Darüber hinaus kann so mancher kirchlich-klerikale Witz auch das *System Kirche* lustvoll relativieren ...

Löst Verkrampfungen

Erlösung

Als sich zwei Ballonfahrer verirrt haben, sehen sie unten auf der Erde endlich einen Menschen – und fragen ihn: „Wo sind wir hier?" Dieser ruft zurück: „Im Ballon!" – Darauf der eine Ballonfahrer zum anderen: „Das muss ein Pfarrer gewesen sein! Denn erstens hatte er eine laute Stimme; zweitens ist alles wahr, was er gesagt hat; aber drittens hilft es uns überhaupt nicht weiter."

EVANGELISCHE KIRCH
IN ÖSTERREICH

I

Institution Kirche

„Um an Gott zu glauben, brauche ich keine Organisation und keinen Mitgliedsbeitrag, das kann ich ganz gut für mich alleine“, denken viele Menschen. Doch in Wirklichkeit kann keine Weltanschauung auf Dauer ganz ohne institutionelle Elemente auskommen. Wenn es niemanden gäbe, der die Grundzüge dieser Überzeugung weitergeben und vermitteln kann, dann würde sie spätestens mit der nächsten Generation aussterben. Lebendiger Glaube lebt außerdem immer auch vom gegenseitigen Austausch, von Formen gemeinsam ausgeübter Spiritualität, von Geselligkeit und nicht zuletzt von der praktischen Unterstützung Bedürftiger ... Das alles

Organisation

fordert ein Mindestmaß an Organisation. Sogar im Jüngerkreis Jesu einst hat es bereits einen Schatzmeister gegeben, denn das gemeinsame Leben (wie etwa das Essen) musste ja irgendwie organisiert und bezahlt werden. Dennoch markiert der Übergang von einer „Bewegung“ (wie es seinerzeit die Jüngertruppe war) hin zu einer „Institution“ (wie es heute die Kirche ist) schon eine sensible Grenzüberschreitung. Nach evangelischer Überzeugung kommt der Kirche keine heilsrele-

Miteinander

vante Bedeutung zu. Sie ist notwendig, um dem Miteinander des Glaubens einen passenden Rahmen zu geben, aber ihre Rolle sollte so minimalistisch wie nur irgend möglich sein.

Augsburger Bekenntnis

Nach dem Augsburger Bekenntnis (1530) ist Kirche überall dort, wo „das Evangelium rein gepredigt und die heiligen Sakramente laut dem Evangelium gereicht werden“. Eine hierarchisch oder patriarchal geleitete Organisation kommt mit einem vergleichsweise kleinen Spektrum an Ordnungen aus. Die Evangelische Kirche ist allerdings presbyterialsynodal aufgebaut – eine Organisationsform, die der Demokratie sehr nahe steht. Das bedarf notwendigerweise exakter Spielregeln, um funktionieren zu können. Das evangelische Kirchenrecht ist daher relativ umfangreich und detailliert. Dieses ist aber nicht ein für allemal festgeschrieben, sondern kann auf demokratische Weise durch die Synode jederzeit verändert werden.

Interreligiöser Dialog

Weltreligionen

Während die Weltreligionen (Buddhismus, Christentum, Hinduismus, Islam, Judentum ...) früher geographisch relativ eindeutig zuordenbar waren, kommt es in der heutigen Welt immer häufiger zu unmittelbaren Berührungsflächen auf engstem Raum. Das erfordert eine neue Kultur des Dialogs der Religionen. Vor allem braucht es abgesprochene Spielregeln des Zusammenlebens. Das setzt einen grundsätzlichen Respekt vor den Überzeugungen Anderer voraus. Alle Seiten sollen die Möglichkeit haben, ihr Leben gemäß der eigenen Glaubensüberzeugung zu gestalten (z.B. die Einhaltung bestimmter Speisevorschriften in Krankenhäusern, Kindergärten oder Betriebskantinen). An einzelnen Punkten kann sich der Dialog sehr schwierig gestalten (z.B. beim Schächten von Tieren oder beim Tragen der Burka), aber ein wachsendes Miteinander und ein wachsendes gegenseitiges Vertrauen würden die Chancen auf *gemeinsame* Lösungen auch schwieriger Fragen steigen lassen.

Zusammenleben

Glaubensüberzeugung

In Österreich bestehen bereits zahlreiche Foren der Begegnung zwischen den Religionen. Leider dringen jedoch fast nur jene Fälle an die Öffentlichkeit, wo das Miteinander nicht geklappt hat, die vielen positiven Beispiele sind keine „Meldung" wert.

Trotz mancher Gemeinsamkeiten liegen die inhaltlichen Vorstellungen der verschiedenen Religionen oft weit auseinander und sind kaum harmonisierbar. Es ist jedoch möglich, (falsche) Klischeevorstellungen voneinander auszuräumen und sich gegenseitig authentisch über den je eigenen Glauben zu informieren. Exemplarisch für dieses Bemühen ist das von der Generalsynode im Jahr 2011 herausgegebene Buch „Respektvoll miteinander – Evangelische Christen und Muslime in Österreich".

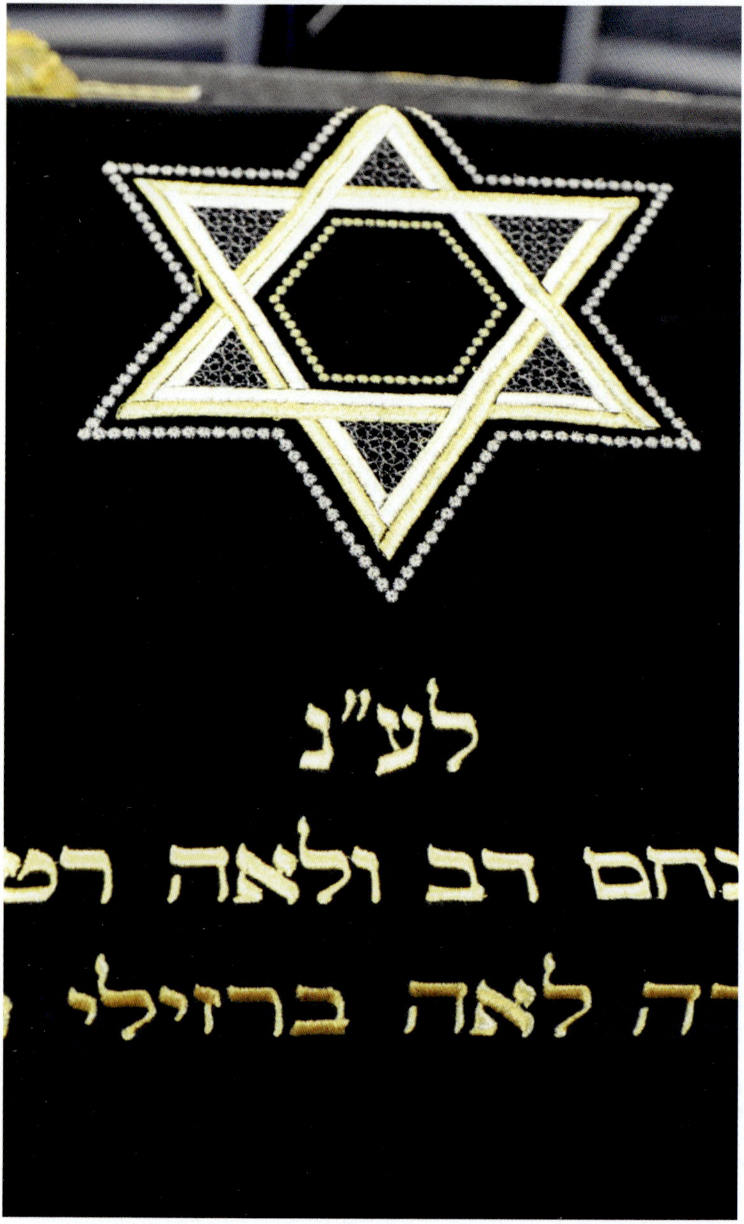
לע"נ
נחם דב ולאה
לאה ברזילי

J

Jesus

Im Arme-Leute-Milieu geboren

Jesus von Nazareth ist zweifellos eine historische Persönlichkeit. Bei der Berechnung seines Geburtsjahres dürfte man sich einst zwar um ein paar Jahre verrechnet haben, de facto scheint er bereits fünf bis sechs Jahre „vor Christus" zur Welt gekommen zu sein. Seine Geburt im Stall von Bethlehem unter den bekannten Begleitumständen zeigt aber vor allem, dass sich die Menschwerdung des Gottessohnes im „Arme-Leute-Milieu" abgespielt hat. Seine Familie wurde damals zum Spielball politischer Wirrnisse. Aufgewachsen ist Jesus später in der Kleinstadt Nazareth im Norden Israels. Er dürfte wie Josef den Beruf eines Zimmermanns erlernt haben. Mit etwa 30 Jahren begann seine Lehr- und Wandertätigkeit.

Hinrichtung am Kreuz

Sowohl mit seinen Worten als auch mit seinen Taten polarisierte er oftmals. Gegenüber Außenseitern der Gesellschaft war er ausgesprochen verständnisvoll, gegenüber Bedürftigen stets hilfsbereit und unterstützend. Mit Etablierten hingegen (insbesondere den religiösen Würdenträgern seiner Zeit) ging er oft hart ins Gericht. Sein polarisierendes Wirken führte schließlich zu seiner Hinrichtung am Kreuz. Neben seinen engsten Mitarbeitern (Jüngern bzw. Aposteln) hatte er eine große Anhängerschaft, die in die Tausende ging und auch viele Frauen umfasste. Natürlich ist nicht jedes einzelne Wort, nicht jede einzelne Tat Jesu im strengen Sinn historisch nachweisbar. Doch auch wenn die Evangelien erst nach seinem Tod schriftlich aufgezeichnet wurden, ist das Leben Jesu – im Vergleich zu anderen historischen Persönlichkeiten – relativ gut bezeugt. Berichte über ein angeblich späteres Wirken Jesu in Indien, wie sie in Illustrierten immer wieder auftauchen, beruhen allerdings auf einer äußerst zweifelhaften Quellenlage und können kaum als historisch wahr eingestuft werden.

Jüdische Wurzeln

Jesus war Jude und ist es zeitlebens auch geblieben. Sein *heiliges Buch* war die hebräische Bibel, die er oftmals zitiert und die er stets hochgehalten hat. Sie stellt bis heute in vollem Umfang auch den ersten Teil der christlichen Bibel dar und wird traditionell als „Altes Testament" bezeichnet. Immer mehr bürgert sich stattdessen auch die (treffendere) Bezeichnung „Erstes Testament" ein – so spricht man dann vom Neuen Testament als „Zweitem Testament". Das Christentum hat seine Wurzeln also ganz klar im Judentum. Nach Paulus ist der ursprüngliche Bund Gottes mit Israel bis heute auch ungebrochen.

Jesus war Jude

Leider hat das Verhältnis zwischen Christen und Juden im Lauf der Jahrhunderte einen sehr unglücklichen Verlauf genommen. Immer wieder wurden Juden von Christen grausam verfolgt. Der Antisemitismus fand im Holocaust während des NS-Regimes seinen grausamen Höhepunkt. Erst spät haben sich die christlichen Kirchen öffentlich zu ihrer Mitschuld bekannt – und damit ein neues Kapitel im Verhältnis zwischen Christen und Juden aufgeschlagen.

Mitschuld der Kirchen am Holocaust

→ Für die Evangelische Kirche in Österreich gilt das Dokument der Generalsynode aus dem Jahr 1998 „Zeit zur Umkehr" als Meilenstein. Sie finden es auf www.evang.at unter der Rubrik „Themen"/A–Z/Christlich-jüdischer Dialog.

K

Kreuz

Wie in den meisten christlichen Kirchen stellt zumindest in der Evangelischen Kirche A. B. das Kreuz das wichtigste Glaubenssymbol dar. Allerdings meist in der schlichtestmöglichen Form: als einfaches Kreuz ohne Korpus. Das leere Kreuz soll in besonderer Weise auf die Auferstehung hinweisen. Ein schlichtes, leeres Kreuz ziert in Österreich auch die meisten evangelischen Kirchtürme. Die Evangelische Kirche H. B., die ja generell auf Bilder und Zierrat aller Art verzichtet, setzt das Symbol des Kreuzes allerdings nur äußerst sparsam ein.

Das Kreuz als schmuckes Mode-Accessoire übrigens wird von den meisten evangelischen ChristInnen als unpassend abgelehnt. Einige aber tragen ein künstlerisch gestaltetes Ansteck-Kreuz (das „Logo" der Evangelischen Kirche in Österreich) als Bekenntnis ihres Glaubens im Alltag.

Dem Scheitern Würde verleihen

Der Tod Jesu am Kreuz ist Ausdruck der tiefsten Solidarität des Gottessohnes mit allem Menschlichen und seinen Abgründen: mit Schuld, Schwäche, Versagen, Ungerechtigkeit, Leiden und Sterben ... Er hat unsere Unvollkommenheit auf sich genommen und getragen bis zur bitteren Neige. Er hat dem Scheitern damit eine eigene Würde verliehen, uns durch seine Auferstehung am dritten Tag aber auch erlöst von dem Fluch, in der Spirale der Negativität gefangenbleiben zu müssen. Insbesondere im 20. Jahrhundert haben Künstler, die oft nicht einmal besonders kirchenverbunden waren, durch ihre unkonventionellen Kreuzigungsdarstellungen bemerkenswerte Aspekte der Bedeutung des Kreuzes neu sichtbar gemacht, wie etwa Ernst Barlach, Georg Baselitz, Oskar Kokoschka oder Paul Gauguin ...

Das Kreuz in der Kunst

Karfreitag

Der Tag des Gedenkens an den Kreuzestod Jesu gilt in der Evangelischen Kirche als hoher Feiertag. In allen Pfarrgemeinden werden an diesem Tag – oft sogar mehrere – Gottesdienste gefeiert, die die Bedeutung des Leidens und Sterbens Jesu zum Inhalt haben. Die liturgische Ordnung dieses Tages ist bewusst schlicht, die liturgische Farbe ist schwarz. Karfreitags-Gottesdienste sind in der Regel ebenso gut besucht wie die Gottesdienste am Heiligen Abend; so spannt sich auch diesbezüglich ein Bogen von der Geburt Jesu im Stall von Bethlehem bis zu seiner Kreuzigung auf Golgatha. Insbesondere sehr eindringliche und tiefe Lieder des Liederdichters Paul Gerhardt (1607–1676) sind weithin bekannt und werden oft am Karfreitag gesungen. – Karfreitag und Ostern sind aber nicht zu trennen. Der Tod Jesu bekommt erst von der Auferstehung Jesu am Ostersonntag her seine wahre Bedeutung. Die weit verbreitete Ansicht, dass für Evangelische der Karfreitag der höchste kirchliche Feiertag wäre und für Katholiken der Ostersonntag, entbehrt theologisch jeder Grundlage. Beide Tage sind gleich wichtig.

Feiertag

Gottesdienste

Karfreitag und Ostern

→ Vgl. dazu auch das Stichwort „Ostern"

D. MARTIN LUTHER
1483 – 1546
GESTIFTET VON A. HOPFFER
NACH LUKAS CRANACH

L

Luther

Martin Luther (1483–1546) löste mit seinen 95 Thesen, die er am 31. Oktober 1517 in Wittenberg veröffentlichte, einen europaweiten Sturm aus. Kernpunkt seines theologischen Ansatzes war, dass sich kein Mensch den Himmel „verdienen“ kann – weder durch Geld (Ablass!), noch durch viele gute Werke noch durch irgendwelche asketischen religiösen Praktiken. Die Liebe Gottes ist vielmehr voraussetzungslos und gilt grundsätzlich jedem Menschen. Dies will bloß begriffen und im Glauben angenommen werden. Gutes zu tun und so weit wie möglich im Einklang mit Gottes Willen zu leben, ergibt sich dann quasi als logische Folge daraus – aus Dankbarkeit. Zu dieser Erkenntnis kam Luther durch seine wissenschaftlichen Studien an der Bibel (er war nicht nur Mönch, sondern zu diesem Zeitpunkt bereits auch Professor für Bibelauslegung an der Universität Wittenberg). Seiner Meinung nach hatte die mittelalterliche Kirche die ursprüngliche, die biblische Reihenfolge vertauscht und sich damit ein enormes Druckmittel auf die Menschen geschaffen: Das Gott wohlgefällige Leben war im Mittelalter nicht mehr die Antwort auf Gottes Liebe, sondern die Voraussetzung für Gottes Liebe – ein grundlegender Unterschied. Denn das hieß ja: Du kannst nur in den Himmel kommen, Mensch, wenn du dich an unsere von der Kirche vorgegebenen Regeln hältst. Dass Luther dieses Konstrukt frontal angegriffen hat, bedeutete einen folgenreichen Paradigmenwechsel und hat ein europaweites Echo ausgelöst, positiv genauso wie negativ. Luther hatte nie daran gedacht, damit eine eigene, neue Kirche gründen zu wollen, er wollte bloß „seine“ (und das war eben die katholische) Kirche wieder zur Besinnung rufen. Das ist ihm so leider nicht gelungen. Luther wurde aus seiner Kirche ausgeschlossen („gebannt“) und so kam es dann Schritt für Schritt zu kirchlichen Parallelstrukturen. Dies war allerdings nicht die erste Kirchenspaltung der Geschichte; bereits seit 1054 gingen die orthodoxen Kirchen des Ostens und die katholische Kirche des Westens getrennte Wege.

Liebe Gottes

Wollte keine neue Kirche gründen

Lieder

Reformation ist Singen

Die Reformation war von Anfang an auch eine Sing-Bewegung. Luther war hochmusikalisch, spielte selbst mehrere Instrumente und legte viel Emotion ins Singen und Musizieren. Er schrieb eine ganze Reihe von Liedtexten (z.B. „Ein feste Burg ist unser Gott" oder „Vom Himmel hoch, da komm ich her"), zu einigen komponierte er auch gleich selbst die Melodie. Er hatte allerdings auch keine Scheu, seine Liedtexte zu bekannten „Schlagern" seiner Zeit zu schreiben. So verbreitete sich seine Theologie nicht zuletzt über die Lieder, die bald landauf, landab gesungen wurden. Musik war für Luther ein Geschenk Gottes. Bis heute ist das Singen lebendiger Ausdruck evangelischer Spiritualität. „Wer singt, betet doppelt", meinte einst schon Augustin (354–430).

Das evangelische Gesangbuch (EG) ist für viele Menschen neben der Bibel ein wichtiges Buch auch zur persönlichen Andacht. Einer der der bekanntesten evangelischen Liederdichter wurde später Paul Gerhardt (1607–1676). Und Johann Sebastian Bach (1685–1750) griff in seinen Kantaten und Oratorien immer wieder Melodien von bekannten Kirchenliedern auf. Bach brachte die evangelische Kirchenmusik zu ungeahnten Höhenflügen. Über hundert evangelische Kirchenlieder haben mittlerweile auch Eingang in das offizielle römisch-katholische Gesangbuch „Gotteslob" gefunden.

Paul Gerhardt

Johann Sebastian Bach

In der zweiten Hälfte des 20. Jahrhunderts erlebten die Kirchen eine zweite große Singbewegung, insbesondere unter Jugendlichen. Dabei spielte der konfessionelle Hintergrund der Lieder kaum mehr eine Rolle, die meisten in dieser Zeit entstandenen Lieder werden in allen Kirchen gesungen. Besonders erwähnenswert ist in diesem Zusammenhang das Liedgut der ökumenischen Gemeinschaft von Taizé.

M

Märtyrer

Das griechische Wort „martys" meinte ursprünglich ganz allgemein den „Zeugen", also jemanden, der etwas bezeugt – sei es vor Gericht einen Tathergang oder sei es im täglichen Leben eine bestimmte Glaubensüberzeugung. Im Lauf der Geschichte wurde der Begriff dann zunehmend auf Blutzeugen fokussiert, also auf Menschen, die das Zeugnis ihres Glaubens mit dem Leben bezahlen mussten. Das Phänomen, dass Menschen um ihres Glaubens willen verfolgt werden, hat es leider zu allen Zeiten gegeben. Besonders heftig und grausam wurden oft Juden verfolgt, trauriger Höhepunkt dieses Geschehens war der Holocaust. Ebenso wurden immer wieder auch Buddhisten, Moslems oder Christen verfolgt. Bekannt sind grausame Christenverfolgungen aus der Antike, etwa

Kaiser Nero

unter Kaiser Nero um das Jahr 64. Doch Christen verschiedener Konfessionen verfolgten einander auch gegenseitig, vor allem in der Zeit der Gegenreformation. Statistisch gesehen geschahen bzw. geschehen die meisten Christenverfolgungen

21. Jahrhundert

allerdings im 20. und 21. Jahrhundert. Insbesondere durch radikal-islamistische Bewegungen, aber genauso durch politische Systeme wie z.B. den Kommunismus (bis heute etwa in Nordkorea und zum Teil in China).

Auch während des NS-Regimes kam es zu schwerwiegenden Auseinandersetzungen zwischen Politik und Kirche. Prominentestes Opfer auf evangelischer Seite war der Berliner

Bonhoeffer

Pfarrer Dietrich Bonhoeffer (1906–1945). Er wurde im April 1945, wenige Tage vor dem Zusammenbruch des Dritten Reiches, auf ausdrücklichen Befehl Hitlers im KZ Flossenbürg hingerichtet. Von ihm stammt das bekannte Lied „Von guten Mächten wunderbar geborgen"; er hat es am Silvesterabend des Jahres 1944 im KZ geschrieben.

→ Vgl. dazu Evangelisches Gesangbuch Nr. 65

Maria

Marienverehrung spielt bekanntlich in der katholischen und in der orthodoxen Tradition eine große Rolle, in der evangelischen hingegen kaum. So zumindest die landläufige Meinung. Die Wahrheit ist etwas differenzierter. Laut den biblischen Berichten kommt der Mutter Jesu fraglos eine herausragende Bedeutung zu. In ihrem Vertrauen auf Gott ist sie ein Glaubensvorbild ersten Ranges. Luther selbst war ein großer Marienverehrer. Und selbstverständlich sprechen auch evangelische ChristInnen im gemeinsamen Glaubensbekenntnis den Satz mit: „... empfangen durch den Heiligen Geist, geboren von der Jungfrau Maria ..." Was die Reformation jedoch ablehnte, war, dass Maria im Himmel eine Art Fürsprecherinnen-Rolle für uns Irdische einnehmen sollte („Heilige Mutter Maria, bitte für uns!"). Mit einer ähnlichen Begründung wie bei der Ablehnung von Heiligen ist die Evangelische Kirche der Überzeugung, dass jeder Mensch direkt zu Gott beten kann und keine zwischengeschaltete Vermittlung braucht.

Glaubensvorbild

In der Folge haben sich die evangelische und die katholische Tradition immer weiter auseinanderentwickelt. Bald spielte Maria im evangelischen Bereich praktisch gar keine Rolle mehr, im katholischen Bereich dafür eine immer größere, bis hin zu diversen Marien-Dogmen und Marien-Heiligtümern neueren Datums. Das II. Vatikanische Konzil allerdings näherte sich wieder stärker der evangelischen Position an: Maria soll nicht im Mittelpunkt stehen, sondern auf Christus hinweisen. In Mariazell beispielsweise wurde nach dem Konzil die berühmte „Schutzmantel-Madonna" bewusst vom Zentrum der Basilika etwas stärker an die Peripherie gerückt.

Hinweis auf Christus

N

Nachfolge

Einladung

„Komm und folge mir nach“, diese Einladung sprach Jesus immer wieder an verschiedenste Menschen aus. Für viele von ihnen bedeutete das ganz konkret, für einen längeren oder kürzeren Zeitraum Beruf und Familie zu verlassen und sozusagen als PraktikantInnen mit dem Wanderrabbi Jesus mitzuziehen. Nicht alle, die an ihn glaubten, waren in diesem konkreten Sinn auch wirklich seine NachfolgerInnen. Aber in seiner Verkündigung machte Jesus schon immer wieder deutlich, dass es im Glauben nicht nur um das theoretische Für-wahr-Halten irgendwelcher Lehrinhalte geht, sondern vor allem auch um die ganz praktische Umsetzung im täglichen Leben. Insbesondere seine Bergpredigt (Matthäus 5–7) stellt eine echte Herausforderung für ein ganzheitliches Christsein dar. Manche der darin enthaltenen Grundsätze kann man durchaus als radikal bezeichnen, etwa die Aufforderung zur Feindesliebe.

Herausforderung

So ist der Begriff der Nachfolge Jesu im übertragenen Sinn bald zum Oberbegriff für alle Bemühungen geworden, die Lehre Jesu auch konsequent praktisch umzusetzen. Insbesondere in Krisenzeiten – wie etwa in Diktaturen – waren und sind Christen oft gefordert, selbst auf die Gefahr persönlicher Nachteile hin (bis zur möglichen Verfolgung) ihre Glaubensüberzeugungen konsequent zu leben. Es ist kein Zufall, dass Dietrich Bonhoeffers berühmtes Buch „Nachfolge“ (eine Auslegung zur Bergpredigt) ausgerechnet in jener Zeit geschrieben wurde, als sich seine Heimat Deutschland anschickte, ein totalitärer Staat zu werden.

Netzwerke

In einer Organisation mit demokratischer Grundstruktur und hohem Autonomisierungsgrad wie der Evangelischen Kirche sind Vernetzungen besonders wichtig, um keine Isolation einzelner Bereiche entstehen zu lassen. Das gilt für alle Ebenen von Kirche, von der Gemeinde- bis zur Weltebene. Ebenso braucht es die Vernetzung von Kirche und Diakonie, von pfarrgemeindlicher und kategorialer Seelsorge (Krankenhaus, Gefängnis und Militär), von Kirche und Schule oder von Amtskirche und Basisinitiativen ... Weiter auch zwischen verschiedenen KonfirmandInnen- und Jugendgruppen oder bestimmten Arbeitskreisen. Insbesondere in der Diaspora-Situation der Evangelischen Kirche in Österreich, wo zwischen einzelnen Teilorganisationen von Kirche oft weite Entfernungen liegen, ist es wichtig, die lebensnotwendigen Netzwerke auch entsprechend zu pflegen. Das ist trotz moderner Kommunikationsmittel nicht ganz billig, denn das persönliche Gespräch kann nicht einfach durch Elektronik ersetzt werden. MitarbeiterInnen der Evangelischen Kirche nehmen für Netzwerktreffen oft weite Fahrtstrecken in Kauf; die entsprechenden Reisespesen werden den ehrenamtlich Mitarbeitenden ersetzt.

Gegen Isolation

Das Gespräch pflegen

→ Vgl. dazu auch die Website der Evangelischen Kirche in Österreich www.evang.at

O

Ostern

Das Osterfest gehört zu den zentralen Festen der Christenheit – diesbezüglich gibt es zwischen den verschiedenen christlichen Kirchen keinerlei Differenzen. Zumindest keine inhaltlichen. Unterschiedlich sind lediglich die Termine, an denen Ostern gefeiert wird. Es geht immer um den ersten Sonntag nach dem ersten Vollmond nach Frühlingsbeginn, doch die westlichen Kirchen (also im Wesentlichen die Katholische, die Evangelische und die Anglikanische Kirche) nehmen die Berechnung des Osterfestes auf Basis des Gregorianischen Kalenders vor, die östlichen (also im Wesentlichen die Orthodoxen) Kirchen sind bei der alten Berechnung nach dem Julianischen Kalender geblieben. Wichtiger als der Termin aber ist der Inhalt dieses Festes: Mit der Auferweckung Jesu von den Toten hat Gott den Endpunkt des Karfreitags gewissermaßen in einen Doppelpunkt verwandelt. Das hat nicht nur historische Bedeutung, sondern vor allem eine prinzipielle: Nicht der Tod, nicht die Macht der Verhältnisse, nicht die Ungerechtigkeit der Welt ... haben das letzte Wort (so sehr sie oft auch zu triumphieren scheinen), das allerletzte Wort behält sich immer noch Gott selber vor. Daraus resultiert die christliche Hoffnung, die mit der überwindenden Kraft Gottes rechnet, die höher ist als alle Vernunft und die gegen alle Logik des Augenscheins selbst göttliche Überraschungen nicht ausschließt. Christliche Hoffnung kann sehr oft eine Hoffnung *trotzdem* sein. Zum Zeichen dieser befreienden Kraft wurde das Osterei: Ursprünglich rot, sollte es die Blutstropfen Christi symbolisieren, durch deren Schale sich aber ein Küken den Weg ins Leben und in die Freiheit bahnen kann, indem es das Gefängnis seiner Schale sprengt.

Doppelpunkt

Überwindende Kraft

Hoffnung

→ Vgl. dazu auch das Stichwort „Karfreitag“

Ökumene

Im 20. Jahrhundert wuchs unter den christlichen Kirchen die Einsicht, dass es trotz verschiedener konfessioneller Differenzen einen Grundkonsens über das Gemeinsame braucht – und auch gibt. Das Gemeinsame überwiegt gegenüber dem Trennenden bei weitem. In vielen Bereichen ist auch eine konstruktive Zusammenarbeit möglich. Der ökumenischen Bewegung („oikumene" bedeutet wörtlich: weltumspannend) haben sich – mit unterschiedlicher Intensität – inzwischen fast alle größeren christlichen Kirchen angeschlossen. Österreich ist trotz sehr unterschiedlicher Größenverhältnisse unter den Kirchen in vielen Belangen ökumenisch federführend, das fand etwa in der Ausrichtung der II. Europäischen Ökumenischen Versammlung 1997 in Graz seinen sichtbaren Ausdruck. Unter den VertreterInnen der verschiedenen Kirchen ist in den letzten Jahren ein hohes Maß an gegenseitigem Vertrauen gewachsen, allfällige Probleme lassen sich in einem konstruktiven Klima der Wertschätzung offen besprechen. Zu gesellschaftlich relevanten Themen werden oft gemeinsame Stellungnahmen herausgegeben, besondere Beachtung fand etwa das gemeinsame „Sozialwort" (2003).

Gewachsenes Vertrauen

Sozialwort

Dem weltweiten Ökumenischen Rat der Kirchen (ÖRK, „Weltkirchenrat") mit Sitz in Genf gehören derzeit 345 Kirchen an, die Römisch-katholische Kirche bisher leider nur in Teilorganisationen. Die Römisch-katholische Kirche Österreichs ist hingegen seit 1994 Vollmitglied des Ökumenischen Rates der Kirchen in Österreich mit insgesamt 15 Mitgliedskirchen. Die Selbstdefinition des ÖRK lautet: „Der ÖRK ist eine Gemeinschaft von Kirchen, die den Herrn Christus gemäß der Heiligen Schrift als Gott und Heiland bekennen und darum gemeinsam zu erfüllen trachten, wozu sie berufen sind, zur Ehre Gottes, des Vaters, des Sohnes und des Heiligen Geistes."

→ Vgl. dazu auch die Website des ÖKR www.oikoumene.org

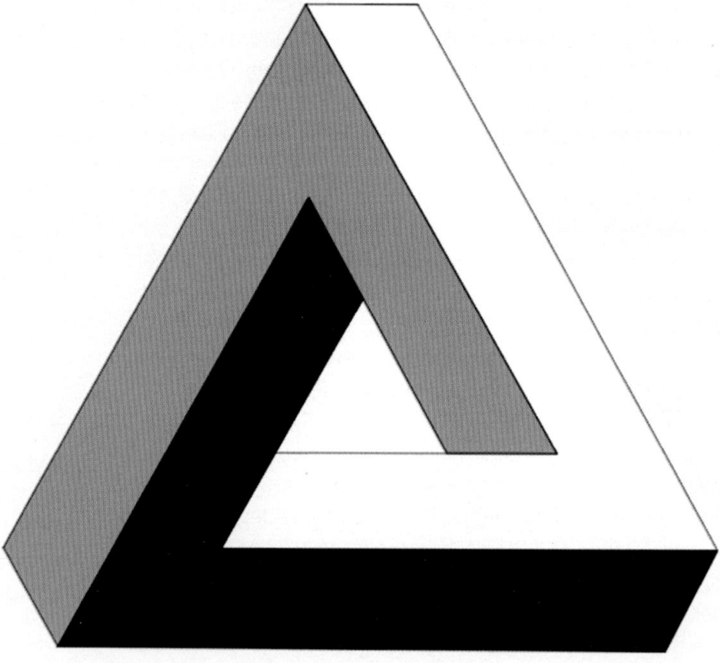

P

Pfarrer und Pfarrerinnen

Wie die meisten christlichen Kirchen kennt auch die Evangelische das ordinierte Amt: Menschen mit einer besonderen Ausbildung (in der Regel einem abgeschlossenen Theologiestudium an einer staatlichen Universität) können nach einer weiteren *praktischen* Ausbildung im Vikariat unter Gebet und Handauflegung in das Amt der Wortverkündigung und der

Berufung

Sakramentsverwaltung berufen werden. Zum Unterschied etwa zur Römisch-katholischen Kirche wird die evangelische Ordination allerdings als (grundsätzlich widerrufbare) Beauftragung mit einer bestimmten *Funktion* verstanden und nicht als unverlierbare sakramentale Weihe. Geistliche AmtsträgerInnen aller Ebenen unterliegen in der Evangelischen Kirche auch nicht dem Zölibat, sondern können ohne

Familie

Weiteres verheiratet sein, sind es in der Regel auch. Im 20. Jahrhundert wurde das Pfarramt schrittweise auch für Frauen geöffnet, heute zählen Pfarrerinnen in der Evangelischen Kirche bereits zur Selbstverständlichkeit, ihr Anteil beträgt derzeit rund 30 Prozent.

Die Berufsbezeichnung „Pfarrer" leitet sich ursprünglich von der Kombination „Pfarr-Herr" ab und wurde deshalb anfangs im evangelischen Bereich nicht so gern verwendet, man sprach lieber vom „Pastor" (Hirten). Mittlerweile jedoch wird in Österreich sowie im gesamten süddeutschen Sprachraum einheitlich für alle Konfessionen die Bezeichnung „Pfarrer" (oder in der Evangelischen Kirche eben auch Pfarrerin) gebraucht, in Norddeutschland hingegen hat sich eher die Bezeichnung „Pastor" durchgesetzt, übrigens auch für katholische Priester. Evangelische PfarrerInnen werden zwar von der Gesamtkirche angestellt und bezahlt, aber von

Gewählt

der konkreten Ortsgemeinde für jeweils zwölf Jahre gewählt.

Paradoxie

Vieles in der evangelischen Gedankenwelt lässt sich am besten durch Paradoxien zum Ausdruck bringen. Eine davon lautet etwa: Ein Christenmensch ist durch Jesus Christus voll und ganz erlöst, er ist vor Gott absolut gerechtfertigt, da bleibt kein Makel zurück – zugleich aber ist jeder Christ ein ganz normaler Mensch mit all seinen Schwächen und Fehlern und als solcher immer auch ein Sünder. Diese Paradoxie ist unter der lateinischen Bezeichnung „simul iustus et peccator" (zugleich Gerechter und Sünder) in die Literatur eingegangen. Sie hat enorme Auswirkungen auf die Ethik. Denn das Ziel ist es nach evangelischer Auffassung nun nicht mehr, ein möglichst sündloses Leben zu führen, um vor Gott bestehen zu können. Denn selbst, wenn man manches noch so gut meinen mag, Sünder bleibt man trotzdem; die meisten menschlichen Handlungen sind in sich selbst ambivalent. Gerade das Tun des Guten ist nicht selten von egoistischen Motiven gespeist. Sogar übertriebene Religiosität kann zur Sünde werden. Und das „Gut Gemeinte" wirkt sich oft genug verhängnisvoll aus. Umgekehrt fällt man durch Fehlentscheidungen nicht aus der Liebe Gottes heraus. Man darf als Mensch auch Fehler machen. Bei vielen Entscheidungen hat man gar nicht die Wahl zwischen *richtig* und *falsch*, sondern nur zwischen zwei grundsätzlich falschen Möglichkeiten, dann kann man sich höchstens für das kleinere Übel entscheiden. In dieser Situation sagt Luther: Dann sündige eben tapfer („Pecca fortiter!"). Mit anderen Worten: Hab den Mut und die Zivilcourage, eine Entscheidung zu treffen, auch wenn sie sich nachträglich als die falsche herausstellen sollte. Im vollen Wissen, dass sie vielleicht Sünde sein mag, aber in der konkreten Situation die bestmögliche ist. Tu das erhobenen Hauptes – im Vertrauen auf die Liebe Gottes. Der ganze Satz Luthers lautet: „Sündige tapfer, aber glaube noch viel tapferer!" („Pecca fortiter, sed crede fortius!"). Und Karl Barth (1886–1968) sagte einmal: „Immer noch besser, etwas Problematisches, allzu Mutiges – und darum Korrektur- und Vergebungsbedürftiges zu tun als gar nichts!"

Ethik

Fehler machen erlaubt

Zivilcourage

Η ΣΥΝΟΔΟΣ ΤΩΝ ΑΓ. ΠΑΤΕΡΩΝ
ΚΑΙ ΠΑΘΟΝΤΑ, ΚΑΙ ΤΑΦΕΝΤΑ...

Q

Quintessenz

Glaubensbekenntnis

Da die Bibel bekanntlich kein systematisches Lehrbuch, sondern eine sehr bunte Sammlung von verschiedensten Texten und Geschichten ist, hat man immer wieder versucht, die Quintessenz des christlichen Glaubens in wenigen Sätzen zusammenzufassen. Das ist der Ursprung der verschiedenen Glaubensbekenntnisse, die dann oft auch im Gottesdienst gesprochen wurden und werden – gleichsam als verbale Visitenkarte für alle, die neu hinzukommen. Die bekanntesten (und bis heute gerne verwendeten) sind das „Nicänische" (bzw. das „Nicäno-Konstantinopolitanische") und das „Apostolische" Glaubensbekenntnis. Ein anderes, neueres stammt etwa vom Ökumenischen Rat der Kirchen.

In ähnlicher Weise hat es in der Reformationszeit auch Versuche gegeben, das typisch „Evangelische" des christlichen Glaubens kurz zusammenzufassen. Herausgekommen ist dabei ein dreifaches „Allein" (sola): sola gratia (allein durch die Gnade) – sola fide (allein durch den Glauben) – und sola spcriptura (allein durch die Schrift). Allein durch die Gnade Gottes – nicht aus eigenem Verdienst – allein durch den Glauben, nicht durch gute Werke – allein durch die Schrift, nicht durch die kirchliche Tradition. Ein viertes fasst dies alles noch kürzer: Solus Christus; nicht die Kirche, nicht religiöse Praktiken, nicht die Anrufung irgendwelcher Heiliger ist heilsbegründend, sondern allein Christus.

Christus allein

→ Vgl. dazu die Website des ÖRKO www.oekumene.at

Qualität

Als Minderheitenkirche kann die Evangelische Kirche in Österreich in manchen Bereichen quantitativ nicht mit dem Angebot der großen römisch-katholischen Mehrheitskirche mithalten, ebenso wenig wie mit der breiten Angebotspalette der großen evangelischen Kirchen in Deutschland. Sie bemüht sich aber, dies durch eine möglichst hohe Qualität ihrer Angebote wettzumachen. So wird insbesondere die Gestaltung von Taufen, Hochzeiten und Beerdigungen sehr persönlich auf die jeweils Betroffenen abgestimmt. Jedem dieser Ereignisse geht in der Regel ein ausführliches persönliches Gespräch voraus. Auch im Religions- und KonfirmandInnenunterricht ermöglicht die kleinere Zahl von Teilnehmenden ein individuelles Eingehen auf die einzelnen Jugendlichen.

Quantität und Qualität

Ebenso werden Gottesdienste in der Regel nicht nach „Schema F" abgespult, Messen werden auch nicht „gelesen", sondern gründlich vorbereitet und liebevoll gestaltet. Und insbesondere die evangelische Kirchenmusik erreicht oft ein beachtliches qualitatives Niveau.

Liebevolle Gestaltung

Amore et studio elucidande veritatis: hec subscripta disputabūtur Wittenberge. Presidente R. P. Martino Lutther: Artiū et S. Theologie Magistro: eiusdemq̧ ibidem lectore Ordinario. Quare petit: vt qui non possunt verbis presentes nobiscū disceptare: agant id literis absentes. In noīe dn̄i nostri hiesu chr̄i. Amē.

¶ Dominus et magister nr̄ Jesus chr̄s dicendo. Penitentiā agite. ⁊c̄. omnē vitam fideliū penitentiam esse voluit.

¶ Qd verbū de penitētia sacramentali (id est confessiōis et satisfactiōis que sacerdotum ministerio celebratur) non pōt intelligi.

¶ Non tn̄ solam intendit interiorē: immo interior nulla est. nisi foris operetur varias carnis mortificationes.

¶ Manet itaq̧ pena donec manet odiū sui (id est penitentia vera intus) scʒ vsq̧ ad introitum regni celoꝝ.

¶ Papa nō vult nec pōt vllas penas remittere. ꝑter eas: quas arbitrio vel suo vel canonum imposuit.

¶ Papa nō pōt remittere vllā culpā nisi declarando et approbando remissam a deo. Aut certe remittendo casus reseruatos sibi: quib⁹ ꝯtēptis culpa prorsus remaneret.

¶ Nulli prorsus remittit deus culpā: quin simul eū subijciat: humiliatū in oībus: sacerdoti suo vicario.

¶ Canones penitētiales solū viuētibus sunt impositi. nihilq̧ morituris ꝺm eosdem debet imponi.

¶ Inde bn̄ nobis facit spūsctūs in papa. excipiendo in suis decretis ꝑ articulū mortis et necessitatis.

¶ Indocte et male faciūt sacerdotes ij: qui morituris pn̄ias canonicas in purgatorium reseruant.

¶ Zizania illa de mutanda pena Canonica in penam purgatorij. videnꝫ certe dormientibus episcopis seminata.

¶ Olim pene canonice nō post: sed ante absolutionem imponebantur: tanq̄ tentamenta vere contritionis.

¶ Morituri: ꝑ mortē omnia soluunt. et legibus canonū mortui iam sunt habentes iure earum relaxationem.

¶ Impfecta sanitas seu charitas morituri: necessario secum fert magnū timorem: tantoq̧ maiorem: quāto minor fuerit ipsa.

¶ Hic timor et horror satis est. se solo (vt alia taceā) facere penā purgatorij: cum sit ꝓximus desperatiōis horrori.

¶ Videnꝫ infernus: purgatoriū: celum differre: sicut desperatio: ꝓpe desperatio. securitas differunt.

¶ Necessariū videꝫ aīab⁹ in purgatorio: sicut minui horrorē. ita augeri charitatem.

¶ Nec ꝓbatum videꝫ vllis: aut rōnibus aut scripturis. q̄ sint extra statum meriti seu agende charitatis.

¶ Nec hoc ꝓbatū esse videꝫ: q̄ sint de sua btītudine certe et secure saltē oēs. licʒ nos certissimi simus.

¶ Igitur papa ꝑ remissionē plenariā oīm penaꝝ. nō simpliciter oīm. intelligit: sed a seipso tantūmodo impositaꝝ.

¶ Errant itaq̧ indulgētiarū p̄dicatores. ij: qui dicūt per pape indulgētias: hoīem ab oīni pena solui et saluari.

¶ Quin nullā remittit aīabus in purgatorio: quā in hac vita debuissent ꝺm Canones soluere.

¶ Si remissio vlla oīm oīno penaꝝ: pōt alicui dari. certū est eā nō nisi ꝑfectissimis. i. paucissimis dari.

¶ Falli ob id necesse est: maiorē partē popl̄i: per indifferentē illā et magnificam pene solute ꝓmissionem.

¶ Qualē ptātem hʒ papa in purgatoriū ḡnaliter: talem hʒ quilibet Episcopus et Curatus in sua diocesi et parochia specialiter.

¶ Optime facit papa: q̄ nō ptāte clauis (quā nullā hʒ) sed per modū suffragij dat aīabus remissionem.

¶ Hoīem predicāt. qui statim vt iactus nummus in cistam tinnierit: euolare dicunt animā.

¶ Certū est. nūmo in cistā tinniente: augeri questū et auariciā posse. suffragium aūt eccl̄ie: in arbitrio dei soli⁹ est.

¶ Quis scit. si oēs aīe in purgatorio velint redimi. sicut de. s. Seuerino et paschali factū narratur.

¶ Nullus est securus de veritate sue cōtritiōis. multominus de cōsecutione plenarie remissionis.

¶ Q̄ rar⁹ est ꝟe penitēs: tā rar⁹ est ꝟe indulgētias redimēs. i. rarissim⁹

¶ Dānabunꝫ ineternū cū suis mḡris: qui ꝑ lr̄as veniaꝝ securos sese credunt de sua salute.

¶ Cauendi sunt nimis: qui dicūt venias illas Pape: donū esse illud dei inestimabile: quo reconciliaꝫ homo deo.

¶ Gratie eīn ille veniales: tantū respiciunt penas satisfactiōis sacramētalis ab homīe constitutas.

¶ Non christiana predicant: qui docent. q̄ redempturis aīas vel cōfessionalia: nō sit necessaria contritio.

¶ Quilibet christianus vere cōpunctus: hʒ remissionē plenariā: a pena et culpa. etiam sine lr̄is veniaꝝ sibi debitā.

¶ Quilibet verus christianus: siue viuus siue mortu⁹: hʒ participationē oīm bonoꝝ Chr̄i et Ecclesie. etiā sine lr̄is veniaꝝ a deo sibi datam.

¶ Remissio tn̄ et participatio Pape: nullo mō est ꝯtemnēda. q̄r (vt dixi) est declaratio remissionis diuine.

¶ Difficilimū est: etiā doctissimis Theolog̃ simul extollere veniaꝝ largitatem: et contritiōis veritatē coram populo.

¶ Contritionis veritas penas querit et amat. Veniaꝝ aūt largitas relaxat: et odisse facit saltem occasione.

¶ Caute sunt venie apl̄ice p̄dicande. ne populus false intelligat. eas p̄ferri ceteris bonis oꝑibus charitatis.

¶ Docendi sunt christiani. q̄ Pape mens nō est: redemptionē veniaꝝ vlla ex parte cōparandā esse oꝑibus misericordie.

¶ Docendi sunt christiani. q̄ dans pauꝑi: aut mutuans egenti: meli⁹ facit: q̄ si venias redimeret.

¶ Quia ꝑ opus charitatis crescit charitas: ⁊ fit hō melior. sed ꝑ venias nō fit melior: sed tm̄modo a pena liberior.

¶ Docendi sunt chr̄iani. q̄ qui videt egenū: et neglecto eo. dat ꝓ venijs nō indulgētias Pape: sed indignationē dei sibi vendicat.

¶ Docendi sunt chr̄iani: q̄ nisi suꝑfluis abundent: necessaria tenenꝫ domui sue retinere: et nequaq̄ ꝓpter venias effundere.

¶ Docendi sunt christiani. q̄ redemptio veniarū est libera: nō precepta.

¶ Docēdi sunt chr̄iani. q̄ Papa sicut magis eget: ita magis optat in venijs dandis ꝓ se deuotam orationem: q̄ ꝓmptam pecuniam.

24 ¶ Docendi sunt christiani. q̄ venie Pape sunt vtiles: si non in eas confidant. Sed nocentissime: si timorem dei per eas amittant.

25 ¶ Docendi sunt chr̄iani. q̄ si Papa nosset exactiones venialiū p̄dicatorum mallet Basilicā. s. Petri in cineres ire: q̄ edificari. cute carne ⁊ ossibus ouium suaꝝ.

1 ¶ Docendi sunt chr̄iani. q̄ Papa sicut debet ita vellet. etiam vendita (si opus sit) Basilica. s. Petri: de suis pecunijs dare illis: a quorum plurimis quidā cōcionatores veniaꝝ pecuniam eliciunt.

2 ¶ Vana est fiducia salutis ꝑ lr̄as veniaꝝ. etiā si Cōmissarius: immo Papa ipse suā aīam ꝓ illis impigneraret.

3 ¶ Hostes chr̄i et Pape sunt ij: qui ꝓpter venias p̄dicandas verbū dei in alijs ecclesijs penitus silere iubent.

4 ¶ Iniuria fit verbo dei: dū in codeʒ sermone: equale vel longius tēpus impenditur venijs q̄ illi.

5 ¶ Mens Pape necessario est. q̄ si venie (qđ minimum est) vna cāpana: vnis pompis: et ceremonijs celebranꝫ. Euangelium (qđ maximū est) centū campanis: centū pompis: centū ceremonijs predicenꝫ.

6 ¶ Thesauri eccl̄ie vn̄ Papa dat indulgētias: neq̧ satis noīati sunt: neq̧ cogniti apud ppl̄m christi.

7 ¶ Temporales certe nō esse patet. q̄ nō tā facile eos ꝓfundūt: sʒ tm̄mō colligunt multi concionatoꝝ.

8 ¶ Nec sunt merita Chr̄i et sctōꝝ. q̄r hec sꝑ sine Papa oꝑanꝫ grām hoīs interioris: et crucē: mortē: infernumq̧ exterioris.

9 ¶ Thesauros eccl̄ie. s. Laurēti⁹ dixit esse: pauꝑes eccl̄ie. sʒ locutus est vsu vocabuli suo tp̄e.

10 ¶ Sine temeritate dicim⁹ claues eccl̄ie (merito Chr̄i donatas) esse thesaurum istum.

11 ¶ Claꝝ est eīn. q̄ ad remissionē penaꝝ et casuū sola sufficit ptās Pape.

12 ¶ Verus thesaurus eccl̄ie. est sacrosctm̄ euāgelium glorie et gratie dei.

13 ¶ Hic autē est merito odiosissimus. q̄r ex primis facit nouissimos.

14 ¶ Thesaurus aūt indulgentiaꝝ merito est gratissimus. q̄r ex nouissimis facit primos

15 ¶ Igitur thesauri Euangelici rhetia sunt: quibus olim piscabanꝫ viros diuitiarum.

16 ¶ Thesauri indulgentiaꝝ rhetia sunt: q̄bus nūc piscanꝫ diuitias viroꝝ.

17 ¶ Indulgētie: quas cōcionatores vociferanꝫ maxias grās. intelligunꝫ vere tales quoad questum ꝓmouendum.

18 ¶ Sunt tamen re vera minime ad grām dei et crucis pietatē compate.

19 ¶ Tenenꝫ Ep̄i et Curati veniaꝝ apl̄icarū Cōmissarios cū oīni reuerentia admittere.

20 ¶ Sed magis tenenꝫ oībus oculis intendere: oībus aurib⁹ aduertere: ne ꝓ cōmissione Pape sua illi somnia p̄dicent.

21 ¶ Cōtra veniaꝝ apl̄icaꝝ ꝟitatē q̄ loquiꝫ. sit ille anathema ⁊ maledict⁹.

22 ¶ Qui vero contra libidinē ac licentiā verborū Cōcionatoris veniarū curam agit: sit ille benedictus.

23 ¶ Sicut Papa iuste fulminat eos: qui in fraudem negocij veniarū quacunq̧ arte machinantur.

24 ¶ Multomagis fulminare intendit eos: qui ꝑ veniarū pretextū in fraudem sctē charitatis et veritatis machinanꝫ.

25 ¶ Opinari venias papales tātas esse: vt soluere possint hoīeʒ. etiā si q̄s ꝑ impossibile dei genitricē violasset. Est insanire.

1 ¶ Diximus contra. q̄ venie papales: nec minimū venialium pctōꝝ tollere possint quo ad culpam.

2 ¶ Q̄ dr̄. nec si. s. Petrus modo Papa esset: maiores grās donare possꝫ est blasphemia in sctm̄ Petrum et Papam.

3 ¶ Dicimus contra. q̄ etiā iste et quilibet papa maiores hʒ. scʒ Euangelium: virtutes: grās curationū. ⁊c̄. vt. 1. Co. xij.

4 ¶ Dicere. Crucē armis papalibus insigniter erectā: cruci christi equiualere: blasphemia est.

5 ¶ Rationē reddent Ep̄i: Curati: et Theologi. Qui tales sermōes in populum licere sinunt.

6 ¶ Facit hec licētiosa veniaꝝ p̄dicatio. vt nec reuerentiā Pape facile sit: etiā doctis vir̃ redimere a calūnijs aut certe argut̃ q̄stiōib⁹ laicoꝝ.

7 ¶ Scʒ. Cur Papa nō euacuat purgatoriū ꝓpter sctissimā charitateʒ et summā aīarū necessitatē: vt cām oīm iustissimā. Si infinitas aīas redimit ꝓpꝫ pecuniā funestissimā ad structurā Basilice: vt cāʒ leuissimā

8 ¶ Itē. Cur ꝑmanēt exequie et anniuersaria defunctoꝝ: et nō reddit aut recipi ꝑmittit bn̄ficia ꝓ illis instituta. cū iā sit iniuria ꝓ redēpt̃ orare

9 ¶ Itē. Que illa noua pietas Dei et Pape. q̄ impio et inimico ꝓpter pecuniā ꝯcedūt: aīam piā et amicā dei redimere. Et tn̄ ꝓpter necessitatē ipsius met pie et dilecte aīe nō redimunt eā gratuita charitate.

10 ¶ Itē. Cur Canones pn̄iales re ip̄a et nō vsu: iā diu in semet abrogati ⁊ mortui: adhuc tn̄ pecunijs redimunꝫ per ꝯcessionē indulgētiaꝝ tanq̄ viuacissimi.

11 ¶ Itē. Cur Papa cui⁹ opes hodie sunt opulētissimis crassis crassiores: nō de suis pecunijs mag̃ q̄ pauꝑm fideliū struit vnā tm̄mō Basilicā sancti Petri.

12 ¶ Item. Quid remittit aut participat Papa iis: qui ꝑ ꝯtritionē ꝑfectaʒ ius habēt plenarie remissionis et participationis.

13 ¶ Item. Quid adderenꝫ eccl̄ie boni maioris. Si Papa sicut semel facit: ita cēties in die cuilibʒ fideliū has remissiōes ⁊ ꝑticipatiōes tribuēt.

14 ¶ Ex quo Papa salutē querit aīaꝝ: ꝑ venias mag̃ q̄ pecunias. Cur suspendit lr̄as et venias iam olim ꝯcessas: cū sint eque efficaces.

15 ¶ Hec scrupulosissima laicoꝝ argumēta: sola ptāte ꝯpescere: nec reddita ratione diluere. Est eccl̄iam ⁊ Papā hostib⁹ ridendos exponere et infelices christianos facere.

16 ¶ Si ergo venie ꝺm spiritū et mentē Pape p̄dicarētur. facile illa oīa soluerenꝫ: immo nō essent.

17 ¶ Valeāt itaq̧ oēs illi ꝓphe: q̄ dicūt ppl̄o Chr̄i. Pax pax. et nō est pax.

18 ¶ Bn̄ agāt oēs illi ꝓphe: q̄ dicūt ppl̄o Chr̄i. Crux crux. et non est crux.

19 ¶ Exhortandi sunt Christiani: vt caput suū chr̄m per penas: mortes: infernosq̧ sequi studeant.

20 ¶ Ac si magis ꝑ multas tribulatiōes intrare celū: q̄ ꝑ securitatē pacis confidant.

M. D. Xvij.

1517

R

Reformation

Im Jahr 2017 wird in Erinnerung an den berühmten Thesenanschlag Martin Luthers weltweit das 500-Jahr-Jubiläum der Reformation gefeiert. Doch der 31. Oktober 1517 ist insofern nur ein symbolisches Datum, als sich die Reformation nicht nur punktuell auf ein einziges Ereignis reduzieren lässt. Sie hat einen wesentlich längeren und komplexeren Prozess dargestellt. So gab es bereits vor Luther einige bedeutende Reformbewegungen (John Wyclif in England, Jan Hus in Böhmen ...) – nahezu zeitgleich mit ihm (Ulrich Zwingli und Johannes Calvin in der Schweiz ...) – und ebenso nach ihm (John Wesley wiederum in England ...). Die Reformation versteht sich auch nicht als abgeschlossenes historisches Ereignis, sondern als Start eines permanenten Erneuerungsprozesses („Ecclesia semper reformanda est"). Unmittelbare Auslöser waren im 16. Jahrhundert konkret benennbare Missstände in der damaligen Kirche. Insbesondere die Praxis des sogenannten Ablasshandels führte zu einem Aufschrei der Empörung. Aber im Kern war die Reformation vor allem eine *theologische Erneuerungsbewegung,* nicht bloß eine organisatorische. Ihr Programm ließ und lässt sich in folgenden Schlagworten gut zusammenfassen: „Solus Christus" (allein Christus, nicht die Institution Kirche) – „sola gratia" (allein durch die Gnade Gottes, nicht durch eigene Bemühungen und Voraussetzungen) – „sola fide" (allein durch den Glauben, nicht durch gute Werke und religiöse Leistungen) – „sola scriptura" (allein durch die Heilige Schrift, nicht durch überkommene Traditionen). Leider ist aus der anvisierten Erneuerung der gesamten Kirche eine Kirchenspaltung geworden, die so von niemandem geplant war. Durch die harsch ablehnende Haltung der katholischen Kirchenleitung formierten sich die Anhänger der reformatorischen Sichtweise auf das Evangelium immer mehr zu einer eigenen kirchlichen Gemeinschaft. Im Gegenzug formulierte die traditionell katholische Seite im Konzil von Trient auch ihre Positionen neu – in Abgrenzung und im Gegenüber zu Luther, sodass man sagen kann, die heutige Gestalt der Römisch-katholischen Kirche verdankt sich ein Stück weit indirekt ebenfalls der Reformation.

Ständige Erneuerung

Kirchenspaltung nicht geplant

Rechtfertigung

Ein weiterer ganz zentraler Punkt der Reformation ist die sogenannte Rechtfertigungslehre. Hinter diesem sperrigen Begriff verbirgt sich die alte Frage, wie ein Mensch „gerecht" werden kann – im Sinn von o. k. sein – vor Gott, vor sich selbst und vor seinen Mitmenschen. Trotz der prinzipiellen Unfähigkeit, alles im Leben richtig und gut machen zu können. Eine der großen theologischen Entdeckungen Luthers war es, dass sich der biblische Begriff der „Gerechtigkeit Gottes" sprachlich auch so interpretieren lässt, dass Gott Gerechtigkeit *schenkt* (genetivus objectivus) – und nicht nur so, dass Gott als gerechter Richter von uns Menschen Gerechtigkeit *einfordert* (genetivus subjectivus). Das stellte natürlich das gesamte gängige Weltbild auf den Kopf, das seit Jahrtausenden in nahezu allen Religionen immer davon ausgegangen ist, der Mensch müsse die Götter gnädig stimmen, um von ihnen mit einem guten Leben belohnt zu werden. Wenn Gott aus freien Stücken (sola gratia) Gerechtigkeit schenkt, dann ist es einzig die Aufgabe des Menschen, sich dieses Geschenks möglichst als würdig zu erweisen (ohne bei jedem Scheitern aber gleich wieder aus der Gnade herauszufallen).

Sprachliche Erkenntnis

Aus freien Stücken

Die Rechtfertigungslehre gilt als theologisches Kernstück der Reformation und war durch viele Jahrhunderte zentraler konfessioneller Streitpunkt. Mit der „Gemeinsamen Erklärung zur Rechtfertigungslehre" haben der Lutherische Weltbund und der Vatikan im Jahr 1999 aber ein Dokument vorgelegt, das viele Gemeinsamkeiten im Verständnis von Rechtfertigung benennt und die nach wie vor bestehenden Auffassungsunterschiede – in gemeinsamer Sprache – präzise und unpolemisch darlegt.

Kernstück

S

Segen

Jemanden zu segnen, bedeutet wörtlich: Ihm oder ihr im Namen Gottes Gutes zuzusprechen. Der Segen spielt in der Bibel Alten und Neuen Testaments eine immense Rolle und gewinnt gerade heute wieder stark an Bedeutung. Der Segen hat primär das *irdische* Wohlergehen von Menschen zum Ziel: das Gelingen der Ehe, Genesung von einer Krankheit, Bewahrung auf der Reise, Lösung eines schwierigen Problems, Segenswunsch zum Geburtstag ... Eltern segnen ihre Kinder, in der Kirche werden Mitarbeitende für ihren Dienst gesegnet, in besonderen Segnungsgottesdiensten (z.B. am Valentinstag) können sich Menschen für ihre aktuelle Lebenssituation einen persönlichen Segen zusprechen lassen ... Und am Ende jedes Gottesdienstes wird ebenfalls allen Mitfeiernden der Segen Gottes für die kommende Woche zugesprochen. Nicht wenigen Menschen ist der Segen sogar das Wichtigste, was sie aus dem Gottesdienst mit in die Woche nehmen, darum sollte nach dem Segen nichts Anderes im Gottesdienst mehr folgen.

Irdisches Wohlergehen

In der Regel ist der Segenszuspruch auch mit einer symbolischen Geste verbunden: durch die erhobenen Hände der Segnenden, durch Handauflegung oder etwa durch ein Kreuzzeichen auf die Stirn. In der Römisch-katholischen Kirche werden oft auch Gegenstände gesegnet (Eheringe, Häuser, Fahrzeuge, Lebensmittel ...), in der Evangelischen Kirche werden grundsätzlich nur Menschen gesegnet. Allerdings gibt es da keine ganz scharfe Trennung, denn auch Gegenstände können symbolisch oft für bestimmte Lebensvollzüge stehen. Dass früher im Krieg gelegentlich auch Waffen gesegnet wurden, sehen nachträglich alle Kirchen als eine schwere Verfehlung an, die nicht hätte passieren dürfen und die es heute auch nicht mehr gibt.

Symbolischer Gestus

Sünde und Vergebung

Das Wort *Sünde* hat umgangssprachlich ja einen sehr „moralischen" Klang – im Sinn von sittlichem Fehlverhalten. Dem gegenüber ist es interessant, dass im biblischen Zusammenhang damit eigentlich etwas viel Grundsätzlicheres gemeint ist. So bedeutet etwa das griechische Wort „hamartia" wörtlich so viel wie *Zielverfehlung*. Und das deutsche Wort *Sünde* leitet sich von *absondern* ab und meint einen Zustand der Gottesferne. Gerade die evangelische Theologie geht davon aus, dass man die Menschheit nicht in *gute* und *böse* Menschen einteilen kann, sondern dass ausnahmslos jeder Mensch fehlbar ist. Denn schon vom Augenblick der Geburt an sind wir in eine Welt voller Unrechtsstrukturen hineingeboren, deren Mechanismen wir uns gar nicht entziehen können. Außerdem speisen sich selbst moralisch als *gut* geltende Verhaltensweisen oft aus zweifelhaften Motiven, während sich moralisch als *schlecht* geltende Handlungen im Einzelfall mitunter als durchaus sinnvoll erweisen: z.B. kann eine Ehescheidung gegebenenfalls einmal einen Akt der Selbstachtung und des Selbstschutzes bedeuten, obwohl sie an sich nichts Erstrebenswertes darstellt. Anders gesagt: Als Mensch *kann* ich gar *nicht* nicht sündigen (so hat es bereits Augustinus im 4. Jahrhundert nach Christus formuliert). Alle befinden wir uns immer wieder – auch – in einem Zustand der Gottesferne und niemand kann aus eigener Kraft das Ziel erreichen, ein wahrhaft „guter" Mensch zu sein. Vielmehr bedürfen wir ausnahmslos alle der Vergebung, die uns in Jesus Christus geschenkt ist. Das ist zugegebenermaßen kein positiv-optimistisches, sondern ein eher pessimistisches Menschenbild. Ein Menschenbild, das allerdings auch die Freiheit eröffnet, das Leben in eigener Verantwortung vor Gott zu gestalten, ohne ständig darauf Rücksicht nehmen zu müssen, ob mein Verhalten unbedingt den gängigen (gesellschaftlichen und kirchlichen) Normen entspricht.

Zielverfehlung

Jeder Mensch ist fehlbar

Freiheit

T

Trinität

Drei-Einigkeit

Nicht auseinander-dividieren

Klarstellung

Die Trinität (Drei-Einigkeit oder Dreifaltigkeit) ist eine altkirchliche Lehre, die sicherstellen will, dass man Gott Vater, Jesus Christus und den Heiligen Geist nicht auseinanderdividieren kann. Sie sind, wenn auch in unterschiedlicher personeller Ausprägung, einander wesensgleich. Das spielt eine besondere Rolle im Gespräch mit Muslimen. Diese haben ja den Verdacht, dass das Christentum in Wirklichkeit eine Drei-Gott-Religion wäre. Das gilt es, im Gespräch durch den Hinweis auf die Wesensgleichheit der Trinität zu entkräften. Tatsächlich aber liegt ein entscheidender Unterschied zwischen der christlichen und der islamischen Gottesvorstellung in der Tatsache begründet, dass der christliche Gott nicht nur Schöpfer und strenger Weltenrichter ist, sondern zugleich eben auch Erlöser, Befreier und Begleiter. Wenn christliche Gottesdienste also „im Namen Gottes des Vaters, des Sohnes und des Heiligen Geistes" gefeiert werden, dann ist das eine bewusste Klarstellung, unter welcher Prämisse die Veranstaltung stattfindet.

Wenn christliche Gemeinden (z.B. zum Erntedankfest) muslimische Mitmenschen zum Gottesdienst einladen, sollte vorher abgesprochen sein, dass dieser Gottesdienst dennoch „im Namen des dreieinigen Gottes" gefeiert wird – genauso wie Muslime ihren Gottesdienst auch dann „im Namen Allahs" feiern, wenn Christen bei ihnen zu Gast sind. Diesbezüglich ist eine klare gegenseitige Deklaration in aller Freundschaft hilfreicher als falsch verstandene Rücksichtnahme, die den Verdacht einer Religionsvermischung nährt.

Taufe und Konfirmation

Die Taufe begründet die Zugehörigkeit zur Kirche Jesu Christi, das ist in allen christlichen Konfessionen der Welt gleich. So ist die Taufe auch das alle christlichen Kirchen miteinander verbindende Sakrament. Sie wird – mit Ausnahme einiger weniger Sonderfälle – auch gegenseitig anerkannt. D. h., wenn Getaufte von einer Kirche zu einer anderen konvertieren, werden sie nicht nochmals getauft. Unterschiedlich ist allerdings die Taufpraxis: Einige Kirchen (wie etwa die Baptisten) taufen ausschließlich Erwachsene, die meisten Kirchen üben überwiegend die Praxis der Kindertaufe. Dass es in neutestamentlicher Zeit hauptsächlich Erwachsene waren, die sich taufen ließen, liegt auf der Hand. Nicht völlig sicher ist, ob auch damals schon Kinder mit dabei waren, wenn sich etwa ganze Familien taufen ließen. Auf den ersten Blick hat die Taufe von Erwachsenen, die ihre Entscheidung selbst getroffen haben, große Plausibilität für sich; allerdings ist eine solche Taufe notwendigerweise an eine Reihe von Bedingungen geknüpft – wie derzeit etwa bei der Taufe muslimischer Asylwerber zu sehen ist. Bei der Säuglingstaufe hingegen wird deutlich, dass die Liebe Gottes voraussetzungslos ist – sowohl theologisch wie auch symbolisch ein hoher Wert! Jene Kirchen, die die Kindertaufe praktizieren, kennen dafür meist einen zweiten Schritt, in dem die als Kind vollzogene Taufe bestätigt bzw. bekräftigt wird: die Firmung in der Römisch-katholischen Kirche und die Konfirmation in der Evangelischen Kirche. Obwohl historisch erst relativ spät (nämlich im 18. Jahrhundert) eingeführt, hat die Konfirmation in der Evangelischen Kirche einen hohen Stellenwert bekommen. Die Vorbereitung auf die Konfirmation erfolgt in einem einjährigen KonfirmandInnenkurs meist sehr gründlich und auf verschiedenste, kreative Arten und Weisen. Neueste Untersuchungen zeigen eindrucksvoll, dass es sich dabei um ein „Erfolgsmodell" unserer Kirche handelt, das vielen jungen Menschen ein Leben lang in Erinnerung bleibt. Bei der Konfirmation wird jeder und jedem ein persönlicher Vers aus der Bibel zugesprochen (*Konfirmationsspruch*), der dann für viele Menschen ebenfalls lebenslange Bedeutung erlangt.

In allen Kirchen

Gegenseitig anerkannt

U

Unterricht

In Österreich hat jedes Kind, jeder junge Mensch das Recht auf schulischen Religionsunterricht in der eigenen Konfession bzw. der eigenen Religion. Dieser Unterricht unterliegt einer gemischt staatlich-kirchlichen Aufsicht. Religion ist ein Pflichtgegenstand, es kann sogar als Maturafach gewählt werden, allerdings gibt es in den ersten fünf Unterrichtstagen jedes Schuljahres auch die Möglichkeit der Abmeldung. Evangelischer Religionsunterricht wird in ganz Österreich flächendeckend angeboten, sofern eine Gruppe von mindestens fünf (in Ausnahmefällen mindestens drei) SchülerInnen zusammenkommt, die jedoch nicht aus derselben Klasse stammen müssen. Ist die Gruppe größer als zehn, erhöht sich die Anzahl der Wochenstunden auf zwei.

Pflichtgegenstand

Der Lehrplan für den evangelischen Religionsunterricht wird von der Kirche erstellt und vom Bildungsministerium approbiert. Er wird nach modernsten pädagogischen Erfordernissen immer wieder neu überarbeitet und folgt lebens- bzw. kompetenzorientierten Grundlinien. Das Ziel des Religionsunterrichts ist es nicht nur, die Grundlagen des eigenen Glaubens kennen zu lernen, sondern diese auch kritisch reflektieren zu können. Darüber hinaus wird die Diskursfähigkeit mit anderen Konfessionen und Religionen geschult sowie ein Tool von Kriterien für ethische Entscheidungsfindungen vermittelt.

Moderne Pädagogik

Kriterien vermitteln

→ Vgl. dazu den Lehrplan des evangelischen Religionsunterrichts auf der Website www.evang.at

Unvereinbarkeit

Konsequenter als etwa in Deutschland wird in Österreich die Trennung von Glaube und Parteipolitik durchgehalten. So dürfen evangelische AmtsträgerInnen, die im Verkündigungsdienst stehen (PfarrerInnen ebenso wie LektorInnen) gleichzeitig kein politisches Mandat ausüben. Sowohl die Römisch-katholische wie auch die Evangelische Kirche wissen sich keiner politischen Partei verpflichtet, sondern bemühen sich um „Äquidistanz“ zu allen Parteien. Das schließt nicht aus, dass sich die Kirchen in einzelnen gesellschaftspolitischen Sachfragen zu Wort melden und vom Evangelium her gegebenenfalls auch sehr deutlich Stellung beziehen. Dabei entspricht es aber der Rolle und dem Selbstverständnis der Kirchen, auf der Ebene des *grundsätzlichen* ethischen Diskurses zu bleiben und sich nicht in taktisches parteipolitisches Hick-Hack hineinziehen zu lassen.

Trennung von Glaube und Parteipolitik

Innerkirchlich gibt es ebenfalls eine ganze Reihe von Unvereinbarkeitsregelungen, um die Unterscheidung von Legislative, Judikative und Exekutive so weit wie möglich auch im kirchlichen Bereich zu gewährleisten und unsachgemäße Machtkonzentrationen zu vermeiden.

Gewaltenteilung

V

Versöhnung

Gottes Initiative

Hand ausstrecken

Versöhnung ist ein wichtiger und mehrschichtiger Begriff der christlichen Theologie. Er hat seinen Ausgangspunkt beim Verhältnis zwischen Mensch und Gott. Der Mensch ist nicht so, wie Gott ihn ursprünglich gemeint hatte; er hat sich von Gott entfremdet. Doch in der Person von Jesus Christus hat Gott dem Menschen die Hand zur Versöhnung ausgestreckt. Die Initiative ist von ihm ausgegangen, für uns Menschen ist sie unverdiente Gnade. Nun sind wir dazu eingeladen, auch unsererseits die Hand zur Versöhnung gegenüber unseren Mitmenschen auszustrecken und nicht nur darauf zu warten, dass die Anderen den ersten Schritt tun. In Analogie zu Gottes Initiative sollten auch wir von uns aus Initiativen zur Versöhnung setzen, selbst dann, wenn wir meinen, der größere Anteil an Schuld liege bei unserem Gegenüber. Dies gilt sowohl für individuelle als auch für kollektive Konflikte. In diesem Geist unterstützt die Evangelische Kirche viele Friedensinitiativen und bemüht sich aktiv um Versöhnungsarbeit unter verfeindeten Konfliktparteien.

Verfassung

Die Evangelische Kirche ist nicht hierarchisch geordnet (von oben nach unten), sondern von unten nach oben aufgebaut. Alle Beschlüsse – ebenso wie deren allfällige Änderungen – bedürfen der demokratischen Legitimation. Auch alle Ämter werden demokratisch gewählt. Dazu braucht es allerdings relativ umfangreiche Spielregeln, um einen funktionierenden Ablauf sowie ein reibungsloses Miteinander auf allen Ebenen zu gewährleisten. Die Verfassung der Evangelischen Kirche in Österreich schreibt den dreistufigen Aufbau der Evangelischen Kirche A. B. in Österreich fest: Ebene der Pfarrgemeinde – Ebene der Superintendenz (Diözese) – Ebene der Gesamtkirche. Auf allen drei Ebenen gibt es jeweils ein größeres synodales (parlamentarisches) Gremium und ein kleineres (strategisches) Handlungsgremium: die Gemeindevertretung und das Presbyterium auf der Gemeindeebene – die Superintendentialversammlung und den Superintendentialausschuss auf der Diözesanebene – die Synode und das Kirchenpresbyterium auf der gesamtkirchlichen Ebene. Auf dieser dritten Ebene kommt noch das Exekutivorgan des Oberkirchenrates hinzu. Jede Ebene wird nach innen und außen durch die Doppelspitze einer geistlichen und einer weltlichen Leitungspersönlichkeit repräsentiert: PfarrerIn und KuratorIn – SuperintendentIn und SuperintendentialkuratorIn – Bischof/Bischöfin und SynodenpräsidentIn. Die zahlenmäßig wesentlich kleinere Evangelische Kirche H. B. in Österreich kennt nur einen zweistufigen Aufbau.

Demokratische Legitimation

Geistlich-weltliche Doppelspitze

Neben der eigentlichen Kirchenverfassung, die für beide Kirchen gilt und deren Artikel von der Generalsynode nur durch eine Zwei-Drittel-Mehrheit verändert werden können, regeln zahlreiche Ordnungen und Verordnungen die weiteren Details für den geordneten Ablauf des kirchlichen Lebens.

→ Vgl. dazu auch die Website www.evang.at

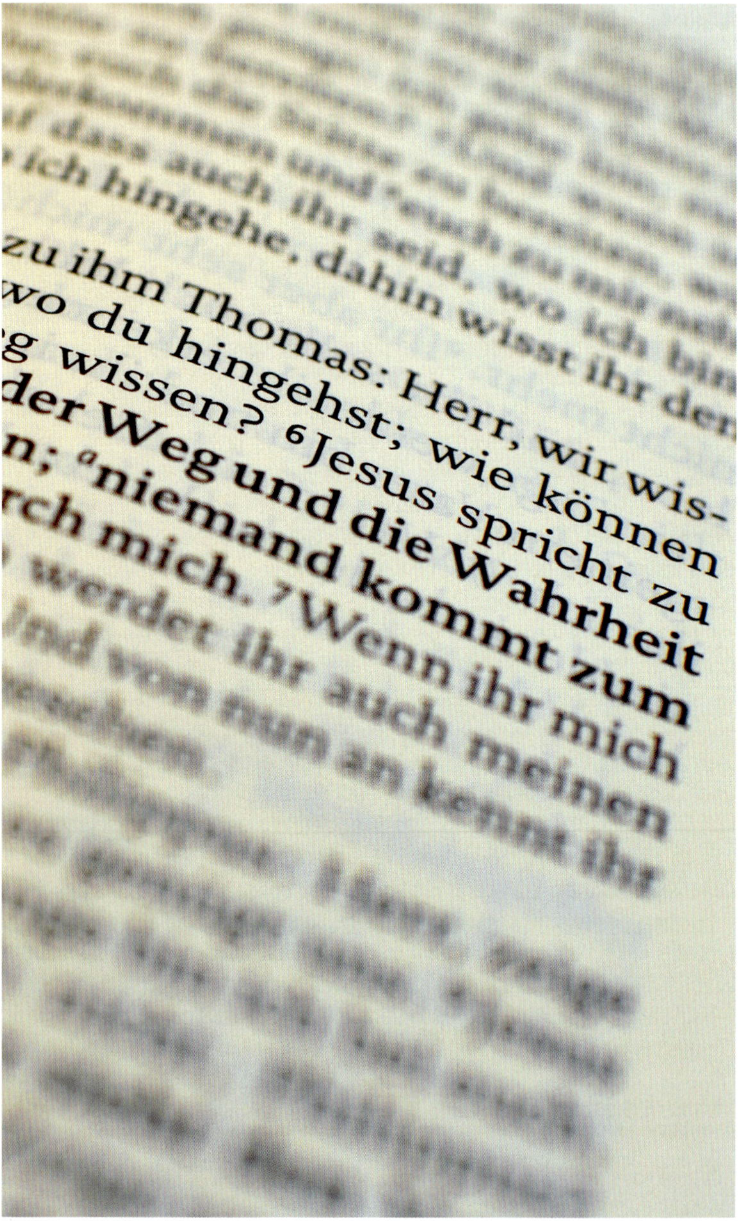
ich hingehe, dahin wisst ihr den
zu ihm Thomas: Herr, wir wis-
wo du hingehst; wie können
g wissen? 6 Jesus spricht zu
der Weg und die Wahrheit
n; niemand kommt zum
rch mich. 7 Wenn ihr mich
werdet ihr auch meinen

W

Wahrheit

Bis ins späte 19. Jahrhundert ist man ziemlich unbefangen mit dem Begriff *Wahrheit* umgegangen. Ob eine Aussage *wahr* oder *falsch* ist, meinte man, an Hand von Fakten leicht überprüfen zu können. Als jedoch selbst in den scheinbar so exakten Naturwissenschaften alles Messbare letztlich als unscharf und relativ enttarnt wurde, geriet der Wahrheitsbegriff bald auch philosophisch ins Trudeln. Der sogenannte *Konstruktivismus* lehrt(e) etwa, dass jede Wahrheit nur eine subjektive sei – und dass es so etwas wie objektive Wahrheit prinzipiell gar nicht geben könne. In Bezug auf die Wahrheiten der verschiedenen Religionen nahm die berühmte *Ringparabel* in Lessings *Nathan der Weise* (1779) diese Sichtweise bereits vorweg. Sie ermöglicht heute einen gepflegten Dialog der verschiedenen Religionen miteinander auf gleicher Augenhöhe, ohne dass man sich gegenseitig der Unwahrheit bezichtigen müsste. Jedenfalls auf der abstrakten Ebene. Sobald man allerdings das Feld der Konkretion betritt, wird deutlich, dass eben doch nicht alles gleich gültig sein kann: Etwa in der Frage der Stellung der Frau, der Legitimation von Gewalt oder dem Umgang mit Minderheiten wird auch heute noch, ja gerade heute wieder leidenschaftlich um die Definition von Wahrheit gerungen. Gott sei Dank! Und wenn Jesus Christus von sich sagt: „Ich bin der Weg, die Wahrheit und das Leben", dann mag das auf den ersten Blick anmaßend klingen, hat für ChristInnen aber eine tiefe Bedeutung. Denn seine Sichtweise von Gott als dem liebevollen Vater ist für uns eine Wahrheit, die nicht verhandelbar ist und hinter die wir auch nicht zurückkönnen. Als Evangelische Kirche sind wir allerdings vorsichtig mit absoluten Äußerungen über weniger grundlegende Dinge. Deshalb kennt die Evangelische Kirche auch keine unveränderbaren Dogmen.

Relativität

Ringparabel

Werke

Die Bedeutung der „guten Werke" war durch Jahrhunderte ein heftiger konfessioneller Zankapfel. Eine der bahnbrechenden Entdeckungen Martin Luthers war es ja, dass man sich mit guten Werken den Himmel nicht verdienen kann. Wenn aber das, was ein Mensch tut (oder nicht tut), vor Gott ohnehin nichts zählen sollte, dann konnte man Luther damit leicht ethische Ignoranz vorwerfen, die jede Unmoral geradezu fördert. Doch was Luther tatsächlich meinte, war: Gutes zu tun aus der von Jesus Christus geschenkten Freiheit heraus – und nicht aus Zwang. Mit Freude Verantwortung zu übernehmen für die Mit- und Umwelt (sowie für sich selbst!) – nach bestem Wissen und Gewissen – aber nicht unter dem Druck von Strafandrohungen durch einen oberlehrerhaften Gott. In diesem kreativen Sinn sind „gute Werke" natürlich auch nach evangelischem Verständnis etwas ausgesprochen Positives. Doch sich extra etwas darauf einzubilden und zu meinen, man könnte damit nun vor Gott besondere Pluspunkte sammeln, wäre schon wieder ein unschöner Rückfall in die alte Kategorie der Werkgerechtigkeit. Eine spannende Gratwanderung. Ein Original-Zitat Luthers bringt es anschaulich auf den Punkt: „Gute, fromme Werke machen nimmermehr einen guten, frommen Menschen. Aber gute, fromme Menschen machen gute Werke!"

Zankapfel

Aus Freiheit

Gratwanderung

X

X-Mas (Weihnachten)

Der griechische Buchstabe für „Ch" ist das X. Christus schreibt sich auf Griechisch also „Xristos", davon leitet sich die im Englischen oft gebrauchte Kurzform X-Mas für „Christmas" (Weihnachten) ab. Zweifellos ist Weihnachten das prominenteste christliche Fest. Die Geschichte der Menschwerdung Gottes als kleines Kind – und seine Geburt unter widrigsten Umständen im Stall von Bethlehem – berührt auf besondere Weise. Auch theologisch ist es natürlich höchst bemerkenswert, dass sich nach christlichem Verständnis der erhabene Gott im Himmel in die Niederungen des irdischen Lebens begeben hat, um alles Menschliche am eigenen Leib zu erfahren und mitzutragen. Diese Vorstellung ist ein Alleinstellungsmerkmal des Christentums. Das tatsächliche Datum der Geburt Jesu ist übrigens unbekannt, man hat es im 4. Jahrhundert nach Christus fiktiv mit 25. Dezember festgesetzt. An diesem Tag gab es bereits in früheren Zeiten verschiedene Feste, an diese hat man terminlich angeknüpft. In vielen Ländern der Welt wird Weihnachten bis heute vor allem am Morgen des 25. Dezember gefeiert – eine alpenländische Tradition feiert alle Geburtstage jedoch immer schon am Vorabend des eigentlichen Termins; diese Sitte hat in Mitteleuropa bald auch auf Weihnachten übergegriffen. Ein großer Teil der orthodoxen Christenheit feiert Weihnachten überhaupt erst am 6. Jänner. Gerade im Weihnachtsfestkreis gibt es übrigens eine Reihe von genuin evangelischen Sitten und Gebräuchen. So ist der Christbaum eine evangelische Tradition: Der grüne Baum des Lebens mitten im Winter mit den vielen kleinen Lichtern, die alle Christus-Symbole darstellen. Im katholischen Österreich gab es den ersten Christbaum erst 1816, eingeführt von der evangelisch-reformierten Prinzessin Henriette von Nassau-Weilburg. Auch sehr viele bekannte Weihnachtslieder stammen ursprünglich aus dem evangelischen Liedschatz: *O, du fröhliche; Vom Himmel hoch; Ich steh an deiner Krippen hier; Kommt und lasst uns Christus ehren; O Tannenbaum ...*

Stall von Bethlehem

Termin

Christbaum und Krippe

→ Vgl. dazu auch das Stichwort „Advent"

X-beliebig

X-beliebig kann bedeuten: Man kann aus einer Menge irgendjemanden oder irgendetwas herausgreifen – es macht keinen Unterschied, alle sind gleich. In diesem Sinn ist X-Beliebigkeit etwas sehr Evangelisches. Tatsächlich ist jeder Mensch gleich wertvoll – ob arm oder reich, weiß oder schwarz, geistlich oder weltlich, homo- oder heterosexuell, gesund oder krank, alt oder jung, Einheimischer oder Asylwerber, eher intellektuell oder eher praktisch veranlagt ...

Alle sind gleich

Zugleich aber ist jeder Mensch in seiner Persönlichkeit auch etwas Einmaliges, so unverwechselbar wie der Fingerabdruck des eigenen Daumens. Es entspricht biblischem – und damit evangelischem – Glauben, dass jeder einzelne Mensch ein von Gott bewusst gewolltes Geschöpf ist, wenn es etwa in Psalm 139,16 heißt: „Deine Augen sahen mich, als ich noch nicht im Mutterleib bereitet war; und alle Tage waren schon in dein Buch geschrieben, die erst werden sollten und von denen noch keiner da war." Im Sinn von Austauschbarkeit verstanden, wäre X-Beliebigkeit also etwas absolut Un-Evangelisches. Und noch in einem dritten Sinn kann X-Beliebigkeit nicht mit „evangelisch" gleichgesetzt werden: Das hohe Gut der Gewissensfreiheit ist in keiner Weise mit Beliebigkeit zu verwechseln, es verlangt vielmehr auch ein hohes Maß an persönlicher Verantwortung.

Nicht austauschbar

I LOVE YOU

Y

You

„Das Ich wird zum Ich erst am Du", dieser Satz des jüdischen Philosophen Martin Buber (1878–1965) ist inzwischen fast zum Allgemeingut jüdisch-christlicher Theologie geworden. Es geht im Glauben nicht um abstrakte Dogmen, sondern in erster Linie immer um *Beziehung*, also um das Ich und das

Beziehung

Du. Sowohl um die Beziehung zwischen Mensch und Gott als auch um die Beziehungen von Menschen untereinander. Nicht umsonst fasst Jesus die Frage nach dem Wichtigsten im Leben (Worte aus dem Alten Testament aufgreifend) in folgende Kurzformel zusammen: *Du sollst Gott, den Herrn,*

Nächstenliebe

lieben von ganzem Herzen – und deinen Nächsten – wie dich selbst (Matthäus 22,37–38).

Young

Kinder und Jugendliche hatten im Protestantismus von Anfang an einen sehr hohen Stellenwert. Bildung für alle (auch für Mädchen!) forderte bereits Luther in seiner Schrift „An den christlichen Adel deutscher Nation", sie war vor allem auch ein Hauptanliegen des großen Pädagogen Philipp Melanchthon (1497–1560), einem seiner engsten Mitarbeiter.

Bildung für alle

Seit langem schon bietet die Evangelische Kirche am Sonntag – parallel zum Gottesdienst für Erwachsene – eigene *Kindergottesdienste* an, in denen auf lebendige und altersgerechte Weise das Evangelium für Kinder erfahrbar wird. Und die „Evangelische Jugend" bietet bis heute nicht nur Raum für Kreativität, Selbsterfahrung, Glaubensgespräche und Gemeinschaftserleben, sondern auch für das Einüben von (basis-) demokratischen Verhaltensweisen. *Jugend* wird übrigens nicht nur als die *Zukunft* von Kirche gesehen, sondern vor allem auch als deren *Gegenwart*. Denn junge Menschen wollen um ihrer selbst willen wahrgenommen werden und nicht nur als potentielle Erwachsene.

Kindergottesdienst

Jugendlichkeit ist nach evangelischem Verständnis allerdings kein Kult, dem um jeden Preis zu huldigen ist. *Forever young* nur im Sinn von lebenslanger Neugier und lebenslangem Lernen, aber nicht als krampfhafte Verleugnung von natürlichen Reifungsprozessen. Dieselbe Aufmerksamkeit wie der Kindheit und der Jugendzeit kommt in der Evangelischen Kirche selbstverständlich auch der Zeit der Berufstätigkeit, der Phase der Familiengründung oder dem Seniorenalter zu.

Lebenslange Neugier

→ Vgl. dazu die Website der Evangelischen Jugend Österreich www.ejoe.at

Z

Zweifel

Bestandteil des Glaubens

Zu zweifeln ist nach evangelischem Verständnis nicht das *Gegenteil* von glauben, Zweifel sind vielmehr integrale *Bestandteile* des Glaubens. Zu einer lebendigen Gottesbeziehung gehören auch die Irritation, das rationale oder das emotionale Nicht-Verstehen-Können, das Zweifeln *an* und das Hadern *mit* Gott. Ein vorschnelles Sich-Ergeben in ein scheinbar unabänderliches Schicksal käme einer Art Fatalismus gleich, der sich nicht auf die Bibel berufen kann. Biblisches Vorbild für das kritische, ja mitunter sogar kämpferische Potential des Glaubens in evangelischer Prägung ist z.B. die Person des Hiob. Wie Hiob haben ChristInnen selbst in ihrer größten Gottesdistanz immer noch einen Adressaten, dem sie ihren Unmut gewissermaßen ins Gesicht schleudern können, nämlich Gott selbst. In Bezug auf Widerstand und Ergebung können sich evangelische ChristInnen in einem alten (vorreformatorischen) Gebet gut wiederfinden: „Herr, gib mir den Mut, die Dinge entschlossen anzupacken, die dringend verändert gehören. Gib mir die Gelassenheit, jene Dinge in Demut zu akzeptieren, die sich beim besten Willen nicht ändern lassen. Gib mir vor allem aber die Weisheit, das Eine vom Anderen zu unterscheiden!"

Kämpferisches Potenzial

Zahlen

Weltweit zählt der evangelische Teil der Christenheit (lutherischer und reformierter Tradition) rund 150 Millionen Mitglieder. Die Hauptverbreitungsgebiete liegen in Skandinavien, Deutschland, den Niederlanden, der Schweiz und in den USA. Große Evangelische Kirchen finden sich darüber hinaus auch in Südkorea, Indonesien oder in Afrika. In diese Zahl noch nicht eingerechnet sind die vielen protestantischen Freikirchen insbesondere in Nord- und Südamerika. **150 Millionen**

In Österreich liegt die Zahl der Evangelischen bei rund 300.000 Menschen, verteilt auf sieben lutherische und eine reformierte Diözese. Die Evangelische Kirche in Österreich zählt 166 Pfarrgemeinden. In ihnen – sowie in den diversen gemeindeübergreifenden Diensten wie etwa Krankenhaus- oder Gefängnisseelsorge – sind derzeit 256 PfarrerInnen (84 Frauen und 172 Männer) tätig. Pro Jahr werden im Schnitt 2800 Kinder getauft, 2400 junge Menschen konfirmiert, 900 Paare kirchlich getraut und 3000 Menschen kirchlich bestattet. **7 Diözesen** **166 Pfarrgemeinden**

Die Finanzierung erfolgt – gleich wie in der Römisch-katholischen Kirche – neben freiwilligen Spenden insbesondere durch die Einhebung eines nach Einkommen gestaffelten Kirchenbeitrags (derzeit 1,2 Prozent des lohnsteuerpflichtigen Jahreseinkommens). Bei gemischt-konfessionellen Ehepaaren, von denen nur ein Partner berufstätig ist, gibt es zwischenkirchliche Modelle der gegenseitigen Anrechnung des Kirchenbeitrags.

→ Vgl. dazu die Website www.gerecht.at

IMPRESSUM

Herausgeber:	Evangelische Kirche A. u. H. B. in Österreich Severin-Schreiber-Gasse 3, 1180 Wien
Medieninhaber & Hersteller:	Evangelischer Presseverband in Österreich, 2017 Ungargasse 9, 1030 Wien
Lektorat:	Isabella Stastny (epv)
Grafik:	Hilde Matouschek I officina
Fotos:	Alle, außer den nachfolgend genannten: epd/Uschmann; S. 20 „Danke“: pexels; S. 24 „Evangelium“: Jacob Jordaens: Die vier Evangelisten, Louvre. Wikimedia: Marie Lan Nguyen; S. 56 „Maria“: Linz, Familienkirche. Wikimedia: Wolfgang Sauber; S. 60 „Netzwerke“: Wikimedia: Oxfordian Kissuth; S. 64 „Ostern“: Christoph Schwarz (Umkreis), Auferstehung Christi. Wikimedia: dorotheum; S. 68 „Paradoxie“: Wikimedia: Thomas R; S. 92 „Versöhnung“: Wikimedia: Jan Jacobsen; S. 104 „You“: Flickr: Chris Goldberg; S. 108 „Zweifel“: Rodin, Denker. Flickr: Daniel Stockman
ISBN:	978-3-85073-153-9

Gedruckt auf PEFC-zertifiziertem Papier